Druckhinweis:
Libri Plureos GmbH
Friedensallee 273
22763 Hamburg

Helmut Konrad von Keusgen

Diese Neuauflage obliegt dem Originaltext mit der alten deutschen Rechtschreibung.

Manfred Schnüll
Fotos: von Keusgen 1973

Dieses Buch widme ich Manfred Schnüll, mit dem ich in mehreren Jahren an der ehemaligen Invasionsküste und deren Landeabschnitte *Gold*, *Omaha* und *Utah* diverse Land- und Unterwasser-Exkursionen unternahm. Mit ihm besuchte ich 1973 zum ersten Mal die Pointe du Hoc.

Wir wohnten einst in aneinandergrenzenden Häusern, verbrachten unsere Kindheit und Jugend miteinander und hatten viele gemeinsame Interessen. Manfred Schnüll verstarb plötzlich und völlig überraschend im Juni 2000 – im Alter von erst 47 Jahren. Er war mein bester Tauchkamerad und ein immer zuverlässiger, treuer Freund. Ich danke ihm für jede Stunde unserer Gemeinsamkeiten, ganz besonders dafür, daß er mich die ersten Jahre auf meinem abenteuerlichen Weg in die Geschichte des *D-Day 1944* begleitet hat.

Inhalt

Plan der Landeunternehmen der Alliierten am D-Day

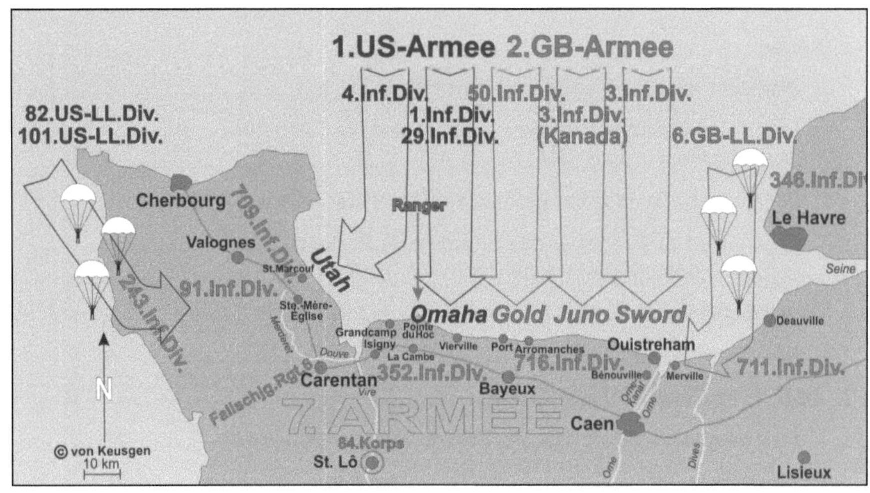

Lageplan des Stützpunktes Pointe du Hoc und die Fahrtrouten der Ranger am 6. Juni 1944

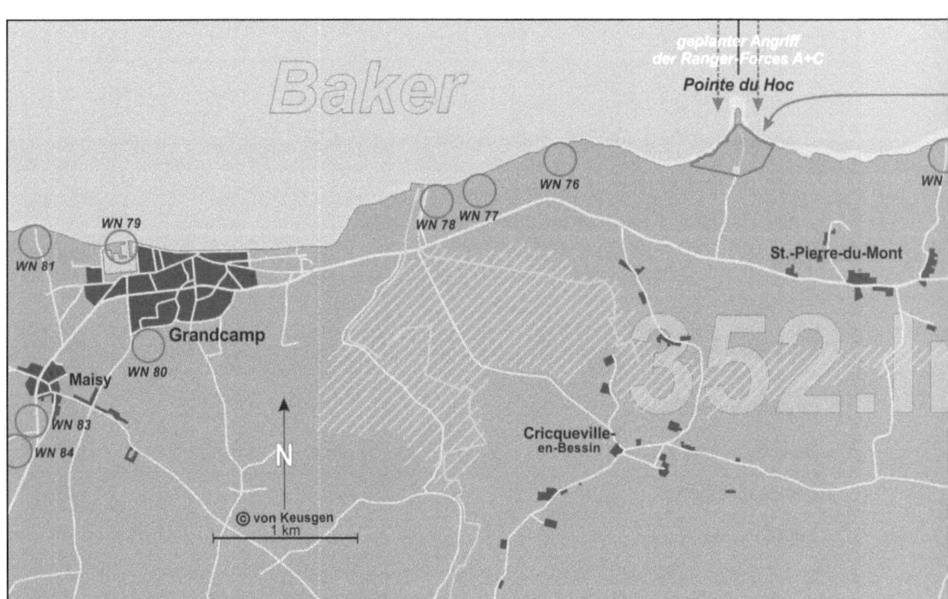

Erklärungen zum Plan der Landeunternehmen der Alliierten am D-Day

Die Invasion der West-Alliierten begann in den frühen Morgenstunden des 6. Juni 1944 – dem *D-Day*, dem *Tag der Tage* oder *Decision-Day (Entscheidungs-Tag)* in der rund einhundert Kilometer breiten Bucht der Seine. Der Angriff der Amerikaner, Briten und Kanadier sowie Soldaten und Truppenkontingente weiterer verbündeter Nationen fand in den fünf Landeabschnitten mit den Code-Namen *Utah, Omaha, Gold, Juno, Sword* und den flankierenden Zonen für Luftlandetruppen statt. Für den ersten Tag des größten amphibischen Landeunternehmens der Weltgeschichte, dem *Unternehmen Overlord*, bewegten sich in der Nacht auf den 6. Juni 5.339 Schiffe, 12.837 Flugzeuge und 156.000 Soldaten auf die Küste der Normandie zu. Außer den britisch-französischen Kommando-Unternehmen im Landeabschnitt *Sword* gab es im Abschnitt *Omaha* auch ein amerikanisches – jenes der Ranger auf den Stützpunkt Pointe du Hoc…

Erklärungen zum Lageplan des Stützpunktes Pointe du Hoc und die Fahrtrouten der Ranger am 6. Juni 1944

Der US-Landeabschnitt *Omaha* wurde *(wie alle Invasions-Abschnitte)* in eigene, spezielle Sektoren eingeteilt: *Able, Baker, Charlie, Dog, Easy, Fox* und *George*. Der amerikanische Hauptstoß auf *Omaha* sollte in einem Bereich stattfinden, in dem es keine Steilküste gab und die Möglichkeit problemloser Anlandungen von Material sowie ein schnelles Vordringen von Fahrzeugen bestand – *Omaha Beach*. Der westliche Sektor des Strandgebietes wurde *Dog* benannt, mit den Zonen *Green, White* und *Red*. Jedoch wußten die Planer der Invasion, daß die amerikanischen Landeabschnitte *Utah Beach* und *Omaha Beach* auch von den

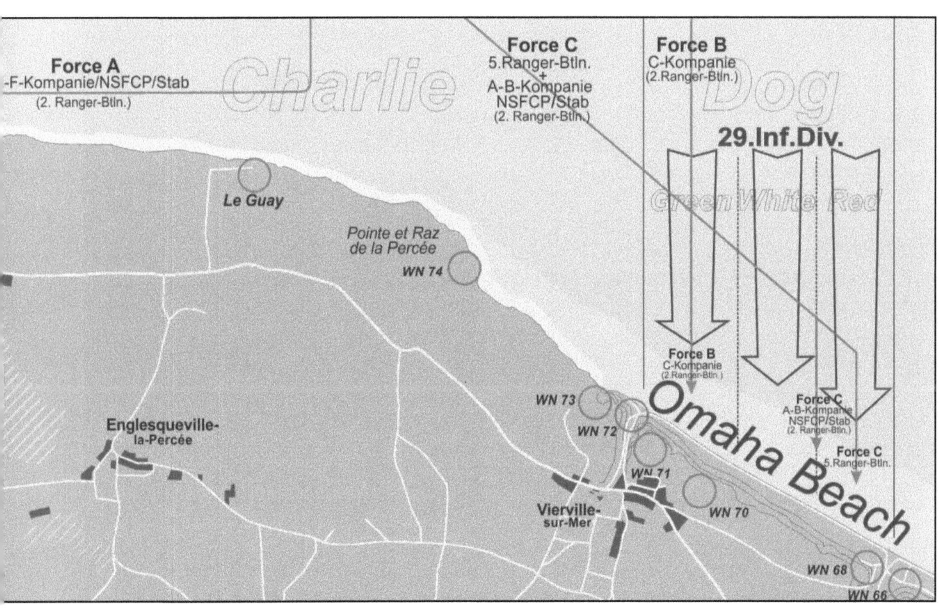

19 Kilometer weit reichenden 15,5-cm-Langrohrkanonen der schweren Heeres-Küsten-Batterie auf dem deutschen Stützpunkt Pointe du Hoc bedroht wurden. Diese Batterie zu eliminieren war eine der ersten und wichtigsten Aktionen in den frühen Morgenstunden des 6. Juni 1944 – die Aufgabe der Ranger. Sie wurde als schwierigstes und gefährlichstes Unternehmen der gesamten Invasion bezeichnet.

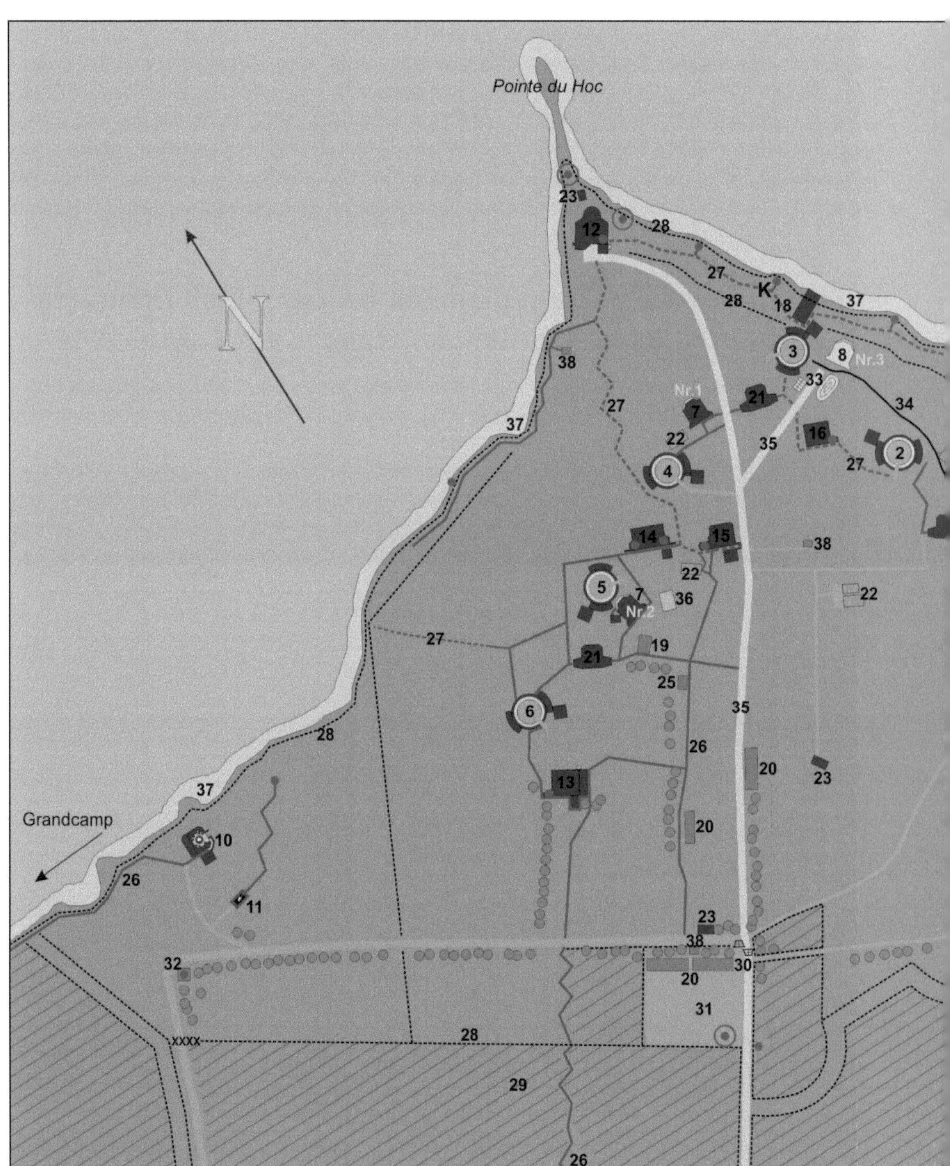

Stützpunkt Pointe du Hoc, 5. Juni 1944

1-6 = Offene Ringstellungen (in numerierter Reihenfolge und ohne Kanonen, lediglich mit Attrappen bestückt; in den angebauten Betonunterständen waren jeweils 8 Kanoniere einquartiert)

7 = Kasematten (ohne technische Installationen und Kanonen)

8 = Kasematte in Bau (nur die Außenmauern aus hohlen Beton-Elementen waren fertig)

9 = Kasematte in Planung (noch keine Bau-Phase) • = MG-Positionen (K = Wilhelm Kirchhoff) ◉ = 2-cm-Zwillings-Schnellfeuerkanone für Fliegerabwehr

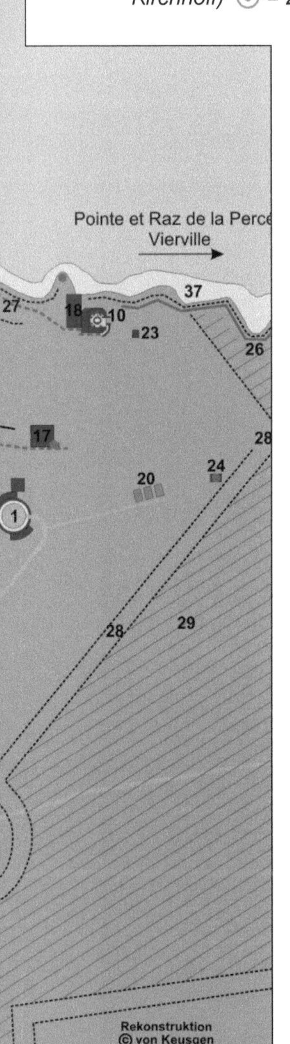

10 = 3,7-cm-Flak-Stand auf einem Gruppenunterstand L 409 A (für 10 Mann Bedienungspersonal)

11 = 8,8-cm-Flak 41 (auf einen Sonderanhänger montiert)

12 = Bunker für Artillerie-Beobachter H 636a (mit Batteriegefechtsstand, Funk- und Fernmelderäumen sowie Mannschaftsunterkunft für 15 Soldaten)

13 = Doppelgruppenunterstand für Verwundetensammelstelle H 661 (für 20 Soldaten)

14 = Doppelgruppenunterstand H 502 SK (für 20 Mann; wurde auf dem Stützpunkt Pointe du Hoc für Unteroffiziere genutzt)

15 = abgewandelter Doppelgruppenunterstand (entspricht etwa dem H 622; für 20 Soldaten)

16 = Gruppenunterstand H 621 für 10 Soldaten

17 = Unterstand H 656 für 15 Soldaten

18 = Unterstände für je 10 Soldaten (alte Westwall-Typen mit zwei hintereinander liegenden Räumen)

19 = Schreibstube (Baracke)

20 = Mannschafts-Baracken

21 = Munitionsunterstand H 134

22 = Munitionsbunker (aus Metall-Halbschalen gebaut)

23 = Munitionsbunker (Beton)

24 = Tobruk-Stand

25 = Sauna

26 = offene Laufgräben

27 = überdeckte Laufgräben

28 = Stacheldraht

29 = Minenfeld

30 = Eingang mit Stahlsperren (Elemente C")

31 = Appell-Platz

32 = Wachturm

33 = Kiesberg und Lagerplatz für Zement-Säcke

34 = Feldbahn

35 = betonierte Wege zum Baumaterial-Depot und zur B-Stelle

36 = Löschwasser-Bassin

37 = mit Hindernissen und Minen bestückter, kiesbedeckter Landstreifen vor dem Kliff

38 = Latrinen

Am 5. Juni war der Stützpunkt bereits durch mehrere tagelang vorausgegangene Bombenangriffe stark zerstört, einige Baracken nur noch Fragmente, die Laufgräben teilweise verschüttet und das Terrain von Kratern übersät.

(Der Eingangsbereich und der Verlauf der Wege sind mit den heutigen Verhältnissen nicht identisch!)

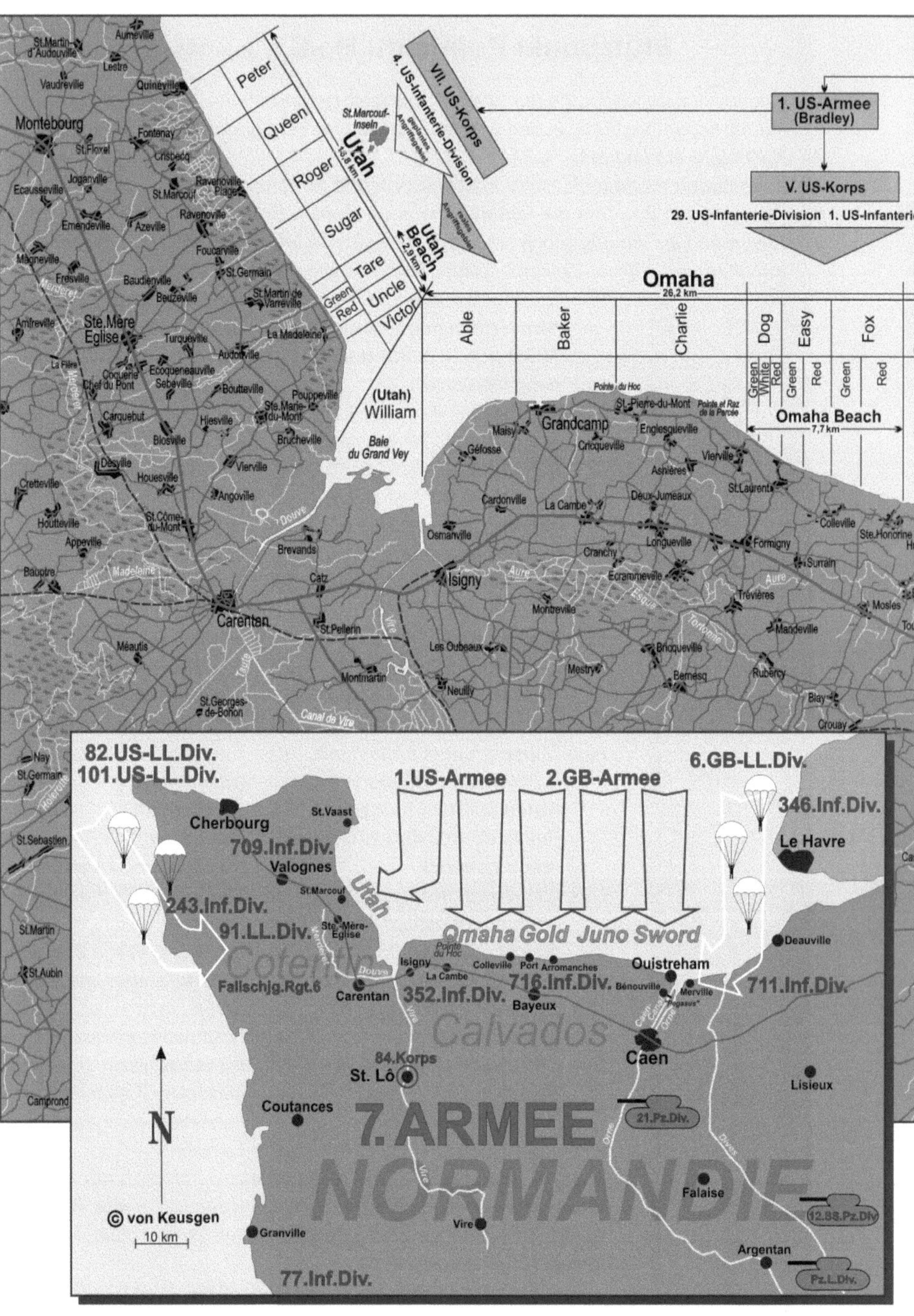

St.Martin-d'Audouville
Aumeville
Lestre
Vaudreville
Quineville
Montebourg
Fontenay
St.Floxel
Crisbecq
Peter
Queen
St.Marcouf-Inseln
Roger
Utah
13,8 km
VII. US-Korps
4. US-Infanterie-Division
1. US-Armee (Bradley)
V. US-Korps
29. US-Infanterie-Division
1. US-Infanterie-
Ecausseville
Joganville
St.Marcouf
Ravenoville-Plage
Sugar
Utah Beach
2,9 km
Magneville
Emendeville
Azeville
Ravenoville
Foucarville
Tare
Omaha
26,2 km
Able
Baker
Charlie
Dog
Easy
Fox
George
Fresville
Baudienville
Beuzeville
St.Germain
Green Red
Uncle
Green White Red
Green Red
Green Red
Amfreville
Ste.Mère Eglise
Turqueville
St.Martin de Varreville
La Madeleine
Victor
Pointe du Hoc
St.Pierre-du-Mont
Pointe et Raz de la Percée
Omaha Beach
7,7 km
La Fière
Coquerie
Chef du Pont
Ecoqueneauville
Sebeville
Audouville
(Utah) William
Maisy
Grandcamp
Englesqueville
Vierville
Carquebut
Boutteville
Pouppeville
Ste.Marie-du-Mont
Géfosse
Crioqueville
Ashières
St.Laurent
Blosville
Hiesville
Brucheville
Baie du Grand Vey
Cardonville
La Cambe
Deux-Jumeaux
Colleville
Desville
Houesville
Vierville
Osmanville
Longueville
Formigny
Ste.Honorine
Hupr
Cretteville
Angoville
Cranchy
Ecrammeville
Surrain
Houtteville
St.Côme-du-Mont
Brevands
Aure
Aure
Trévières
Mosles
Etre
Appeville
Baupte
Madeleine
Catz
Isigny
Montreville
Mestry
Mandeville
Tour
Méautis
Carentan
St.Pellerin
Vire
Les Oubeaux
Briqueville
Rubercy
Montmartin
Neuilly
Bernesq
Blay
St.Georges-de-Bohon
Canal de Vire
Crouay

82.US-LL.Div.
101.US-LL.Div.
6.GB-LL.Div.
Nay
St.Germain
Cherbourg
St.Vaast
1.US-Armee
2.GB-Armee
346.Inf.Div.
Le Havre
St.Sebastien
709.Inf.Div.
Valognes
St.Marcouf
Utah
Castil
243.Inf.Div.
St.Martin
91.LL.Div.
Ste.Mère-Eglise
Omaha Gold Juno Sword
Deauville
St.Aubin
Cotentin
Fallschjg.Rgt.6
Douve
Isigny
Pointe du Hoc
Colleville
Port Arromanches
Ouistreham
Carentan
La Cambe
716.Inf.Div.
Bénouville
Merville
"Pegasus"
711.Inf.Div.
352.Inf.Div.
Bayeux
Caen Canal
Orne
Calvados
Caen
84.Korps
St. Lô
Lisieux
N
Coutances
7.ARMEE
21.Pz.Div.
NORMANDIE
© von Keusgen
Falaise
10 km
Vire
12.SS.Pz.Div.
Granville
Argentan
77.Inf.Div.
Pz.L.Div.

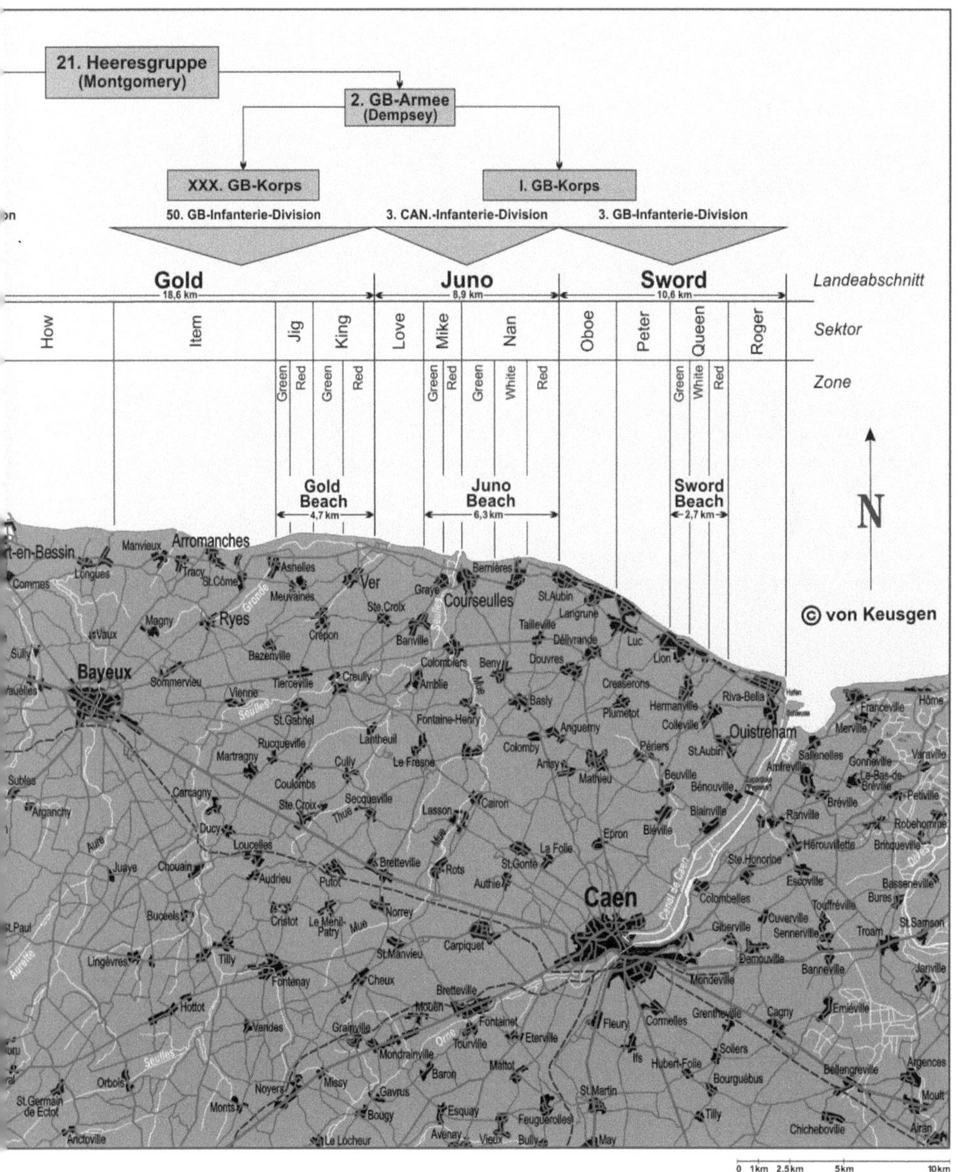

21. Heeresgruppe (Montgomery)
2. GB-Armee (Dempsey)
XXX. GB-Korps
I. GB-Korps
50. GB-Infanterie-Division
3. CAN.-Infanterie-Division
3. GB-Infanterie-Division
Gold
18,6 km
Juno
8,9 km
Sword
10,6 km
Landeabschnitt
How
Item
Jig
King
Love
Mike
Nan
Oboe
Peter
Queen
Roger
Sektor
Green
Red
Green
Red
Green
Red
Green
White
Red
Green
White
Red
Zone
Gold Beach
4,7 km
Juno Beach
6,3 km
Sword Beach
2,7 km
N
© von Keusgen
0 1km 2,5km 5km 10km
Normandie
D-Day 6. Juni 1944

Die Klippe Pointe du Hoc 1973

Bei Ebbe und noch 15 Meter vor diesem schmalen Streifen Land unter der Steilküste landeten am 6. Juni 1944 um 7:11 Uhr die ersten neun Boote der Ranger.

Foto: von Keusgen

Teil 1

Faszination Pointe du Hoc

Mein Weg in die Geschichte des Stützpunktes Pointe du Hoc

Bereits seit vier Jahren fuhr ich immer wieder an die französische Küste, um dort zu tauchen. Auf der ständigen Suche nach neuen, abenteuerlichen Tauchrevieren besuchte ich im April 1973 mit meinem Freund und Tauchpartner, Manfred Schnüll, auch den als Grandcamp bezeichneten Küstenabschnitt in der Normandie. Zum ersten Mal sahen wir die eindrucksvolle, steil aus dem Meer aufragende Klippe Pointe du Hoc. Auf dem daran angrenzenden, bis zu 31 Meter hochgelegenen Plateau befand sich 1944 einer der größten und strategisch bedeutsamsten deutschen Stützpunkte des normannischen Teils des Atlantikwalls.

Ihren Namen hatte die schroffe Klippe bereits vor Jahrhunderten von britischen Seefahrern nach ihrem (von See her betrachteten) markanten Aussehen erhalten, deren Silhouette einem Haken mit einer Spitze daran glich: Spitze (pointe) des Hakens (hook) = Pointe du Hoc. (Die schroffen Gestade werden oft fälschlich als Felsen bezeichnet, bestehen jedoch aus hellem Kalkstein. Die Klippe wird in amerikanischen Berichten häufig irrtümlich als Pointe du Hoe = Hacke benannt.)

Die Pointe du Hoc vor dem Ausbruch des Zweiten Weltkrieges. Ihren Namen erhielt sie nach ihrem markanten Aussehen: Spitze des Hakens. Nur die Klippe ist die Pointe du Hoc – nicht, wie oft fälschlich behauptet, das angrenzende Terrain. **Foto: Kollektion M. Houyvet 1954**

Durch das Buch von Cornelius Ryan und dem 1961 danach gedrehten Dokumentarfilm Der längste Tag waren wir über die Ereignisse, die sich anläßlich der großen Invasion auf diesem kleinen Stück Land ereignet hatten, einigermaßen informiert und wollten diesen historischen Ort am Freitag, den 6. April 1973, zum ersten Mal besuchen. Als wir jedoch mit meinem Auto die schmale Küstenstraße verließen, die D 514, die sich von der Orne-Bucht im Osten entlang der ehemaligen Invasionsküste über die kleine Hafenstadt Grandcamp-Maisy und weiter nach Westen hinzieht, waren wir erstaunt. Über dem Terrain der Pointe du Hoc stiegen dichte, dunkelgraue Rauchwolken auf – wie am *D-Day*, den 6. Juni 1944, dem Beginn der Invasion der West-Alliierten. Das über viele Jahre dicht wuchernde Ginster- und Brombeergesträuch, das den ehemaligen deutschen Stützpunkt im Laufe der Zeit zunehmend unter sich verborgen hatte, wurde an diesem Tag abgebrannt. So bot sich uns keine Möglichkeit zu einer Besichtigung jener Stätte, an der in den frühen Morgenstunden des ersten Invasionstages die 225 Mann starke amerikanische Spezial-Sturmtruppe, das 2. Ranger-Bataillon, von See her die hohe, senkrecht aus dem Meer aufragende Steilküste erklommen haben soll, und das innerhalb von nur 15 Minuten. Ihre primäre Aufgabe hatte darin bestanden, die sechs 15,5-cm-Langrohrkanonen zu eliminieren, die in ihrer taktisch äußerst günstigen Position und einer Reichweite von 19,5 Kilometern die beiden amerikanischen Landeabschnitte *Utah Beach (in nordwestlicher Richtung)* und *Omaha Beach (in östlicher Richtung)* im höchsten Maße gefährdeten. Zwar war das Unternehmen der Ranger das schwierigste und gefährlichste der gesamten Invasion, doch die Erstürmung der Steilküste und des deutschen Stützpunktes wurde im Buch sowie dem gleichnamigen Film *Der längste Tag* als eine fast problemlose Handstreichaktion dargestellt.

Am nächsten Tag näherten wir uns bei abnehmender Flut von Osten her und auf dem schmalen Streifen Land, den das Meer freigab, der Klippe Pointe du Hoc. Bereits weit davor fällt der für *Omaha Beach* so typische, flache und über 500 Meter breite Sandstrand zu einem steilen unterseeischen Riff ab. Nur bei Ebbe bleibt vor dem Kliff ein maximal bis 20 Meter und vor der Klippe ein bis zu 65 Meter breiter Saum aus grobem Kies und schroffen Kalksteinbrocken der immer wieder durch die Auswaschung des Meeres abbrechenden Steilküste. *(Bei Flut gibt es, je nach Tide-Koeffizienten, vor dem Kliff nur noch einen mal etwas breiteren, mal etwas schmaleren Landstreifen, auf dem man sich aufhalten kann. Es gibt aber auch Tage und Nächte, an denen der Gezeitenhub das Wasser einige Meter an den steilen Wänden emporsteigen läßt.)*

Ein phantastischer Anblick bot sich uns, als wir unter dem hohen, fast senkrecht abfallenden hell-ocker bis rötlich gefärbten Küstengestade auf die Pointe du Hoc zugingen. Wie der dreieckige scharfe Zahn eines Hais mutete ihre vorderste, in der Brandung stehende Klippe an – die „Spitze des Hakens". Als wir an den über 30 Meter hohen Steilwänden empor sahen, erschien es uns unmöglich, daß man dort innerhalb kurzer Zeit hinaufklettern könnte – besonders, wenn man von oben mit Maschinengewehren beschossen und mit Handgranaten beworfen würde...

Oberstleutnant James Earl Rudder, der als Chef der Ranger seine Soldaten an der Pointe du Hoc persönlich zum Sturm auf das Kliff angeführt hatte, sagte nach dem Krieg über diese Aktion: „Jeder wäre ein Narr, der dieses versuchen würde. Es war verrückt."

Dann erlebten wir eine Überraschung: In jener hohen Nische, in der die Steilküste an den Vorsprung im Meer stößt, stand eine nur etwa 35 Zentimeter schmale, stählerne Leiter. Ihre weit voneinander entfernten Sprossen waren nur runde, glatte Streben. Es handelte sich um eine der mehrteiligen und zusammensteckbaren Leitern der Londoner Feuerwehr, die von den Rangern am *D-Day* hierher mitgebracht worden waren, um damit die hohe Küste zu ersteigen und den deutschen Stützpunkt zu stürmen. Über diese wackelige, die ersten 6,30 Meter hinaufreichende Leiter kletterten wir bis zu einer kleinen hölzernen Plattform, die man offenbar erst wenige Jahre zuvor an der steilen Wand angebracht hatte. Von dort aus waren einst schmale, hohe Stufen in das Kalkgestein geschlagen worden, über die wir dann das Plateau an der Pointe du Hoc erreichten – 28 Jahre und 10 Monate nach den Rangern.

Wenige Minuten später standen wir auf der Bunkerabdeckung der ehemaligen Beobachtungsstelle der schweren 2. Heeres-Küsten-Batterie *(HKB)* der Heeres-Küsten-Artillerie-Abteilung *(HKAA)* 1260, auf der sich wie ein überdimensionaler mahnender Finger das aus grauem Granit gehauene Monument zur Erinnerung an das 2. Ranger-Bataillon erhebt. *(Im*

Über eine zurückgelassene, schmale Eisenleiter der Ranger war es uns möglich, bis zur Mitte des an dieser Stelle 32 Meter hohen Kliffs zu gelangen. Dort errichtete ich auf einer kleinen Holzplattform mein Stativ
mit einer 16-mm-Filmkamera. Von dieser Plattform aus führten schmale, einst von deutschen Soldaten ins
Kalkgestein gehauene Stufen weiter nach oben, bis zum Plateau, auf dem sich damals der Stützpunkt befand. Infolge starker Erosion gibt es die alte Eisenleiter und die Holzplattform schon seit 1979 nicht mehr.

Fotos: von Keusgen 1973 (links) und 1974

Bild oben links: Blick aus halber Höhe des Kliffs auf die Plattform und den noch tief darunter befindlichen schmalen Streifen Strand. Nach der aufgelaufenen Flut war an diesem Tag nur noch ein Kiessaum von weniger als fünf Meter übriggeblieben. (Bei einem höheren Tide-Koeffizienten, wie am 6. Juni 1944, gibt es überhaupt keinen Strand mehr.) Auf ihm lagen 1973 noch die alten Eisenstreben ehemaliger Strandhindernisse, der sogenannten Tschechen-Igel (einige oben links im Bild).

Bild oben rechts: Auf der breiten Abdeckung des damaligen Beobachtungsbunkers erhebt sich wie ein mahnender Finger das hohe, weithin sichtbare Monument der Ranger.

Das wahre Pointe-du-Hoc-Mahnmal gegen den Krieg: Eine vergewaltigte, von mehr als dreitausend Bomben und Granaten wieder und wieder umgegrabene Kraterlandschaft (an jenem Tag auch noch verbrannt) – ein Bild des Grauens, das heute längst Historie ist.

Bild links: Im Eingangsbereich und vor der Nahverteidigungsanlage eines der diversen unterirdischen Gruppenunterstände. Hereingelaufenes, fauliges Regenwasser, Betonstücke, Lehm, Gesteinsbrocken und eine unangenehm muffig-feuchte Atmosphäre...

Bild Mitte: Eine festgerostete Panzertür, durch deren nur wenig geöffneten oberen Teil wir uns in den ersten engen Raum zwängen mußten – in die Gasschleuse des Bunkers.

Fotos: von Keusgen 1973

Zum Meer hin hatten wir von dort oben nun eine grandiose Aussicht, doch der eindrucksvolle Anblick, der sich uns dann auf dem 12 Hektar großen Plateau bot, war eine von Bomben und Granaten umgegrabene, schaurige Mondlandschaft. An vielen Stellen ragten große, zerrissene Betonblöcke aus dem noch vom Feuer des Vortages geschwärzten Erdboden. Rostiges Eisen wand sich in skurrilen Verrenkungen aus immer noch leicht qualmenden, halbverkohlten Resten des abgebrannten, dichten Gesträuchs. Uns erschien dieser bizarre Anblick ähnlich jenem, der sich damals den Rangern nach den schweren Bombenangriffen und der Beschießung durch die Marine-Artillerie geboten haben mußte.

Während unseres ersten Erkundungsgangs fanden wir nahe der Steilküste, zwischen riesigen Betonbrocken und am Ende eines ehemaligen Laufgrabens, einen schmalen, noch halb vom Erdreich verschütteten Eingang eines unterirdischen Bunkers. Offenbar waren auch zwei große Betonplatten durch die Gewalt der schweren Explosionen irgendwo abgesprengt und umhergeschleudert worden. Sie hatten dadurch den Eingang dieses Bunkers weitgehend verdeckt. Der schmale Spalt unter den dicken, zerrissenen Betonplatten war wohl gerade erst am Vortag durch das Abbrennen der Büsche und Bäume nach langer Zeit wieder zum Vorschein gekommen. Um in diesen Bunker gelangen zu können, mußten wir unter die dicken Betonplatten kriechen, dann ging es einige Stufen hinab. Vor dem Eingang der Gasschleuse und ihrer schweren, rostigen Panzertür hatte sich von hereingelaufenem Regenwasser eine tiefe Pfütze gebildet. Als wir in die beiden dunklen, nur schwach vom Licht unserer Taschenlampen erhellten Räume tief unter der Erde traten, bot sich uns ein unheimlicher Anblick: In einer düsteren Atmosphäre aus muffig-feuchter Luft standen die rostigen Skelette alter, 3-etagiger Feldbetten, aus denen noch die langen Strähnen schimmeligen Seegrases hingen – die Füllungen längst auseinandergefallener Matratzen. An einem der Bettgestelle hing immer noch eine alte, modrige deutsche Uniformjacke. Am Boden verstreut lagen viele Dinge des alltäglichen Lebens der Soldaten: Rostige, noch ungeöffnete Konservendosen, Spielkarten, eine zerbrochene Tasse, ein verbeultes Kochgeschirr und oxydierte Gewehrmunition. Auf einem Tisch lag ein halb geladenes Magazin einer deutschen Maschinenpistole *(MPi 38)*, davor zwei Stühle. In einer Ecke standen Spinde; einer weit geöffnet. In ihm lagen einige Kleidungsstücke, die sich anfühlten, als wären sie aus Pappmaché. Alles das vermittelte uns den Eindruck, daß dieser Bunker von seinen Soldaten in großer Eile verlassen wurde – und als seien wir nun die ersten Menschen, die ihn seit damals wieder betraten. Doch noch etwas Besonderes fiel uns in diesem, einem Stollen ähnlichen Unterstand auf: Eine kleine, stahlverblendete Luke am Ende des letzten der beiden hintereinander liegenden Räume. Eine Luke, wie die einer Nahverteidigungsanlage – doch wenn man durch sie hinausblickte, sah man nur den Horizont des Meeres... Da wir zwar einen Fotoapparat dabei hatten, aber kein Blitzlichtgerät, war es uns nicht möglich, in dem Bunker zu fotografieren. Das Licht unserer Taschenlampen reichte bei langer Belichtungszeit lediglich aus, ein Foto von der kleinen Luke aufzunehmen, hinter der man die laute Meeresbrandung hören konnte. *(Einen Teil der Betonabdeckung dieses unterirdischen Bunkers fand ich erst anläßlich meiner letzten Recherchen und Vermessungsarbeiten zu diesem Buch im Oktober 2005 wieder – in einem den Besuchern inzwischen unzugänglichen Bereich in unmittelbarer Nähe des ständig erodierenden Kliffs; sein Eingang ist heute total verschüttet.)*

Zwischen zerborstenen Betonblöcken und verbogenem Eisen fanden wir seltsame Löcher zu tiefen Hohlräumen im Erdboden…

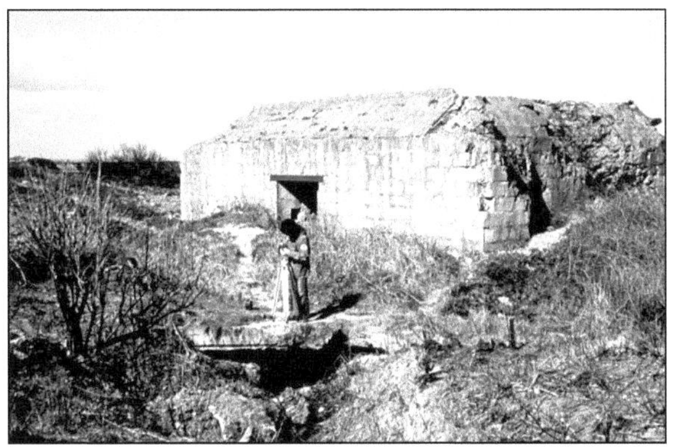

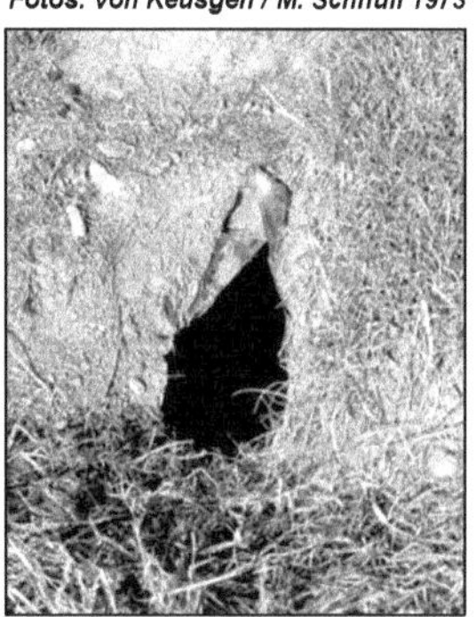

Fotos: von Keusgen / M. Schnüll 1973

Das abgebrannte Gesträuch und die geschwärzte Erde in einer Landschaft aus Kratern erweckte in diesem April des Jahres 1973 einen unheimlichen Eindruck, und es erschien uns, als wären die heftigen und grausamen Kampfhandlungen erst kurz zuvor beendet worden…

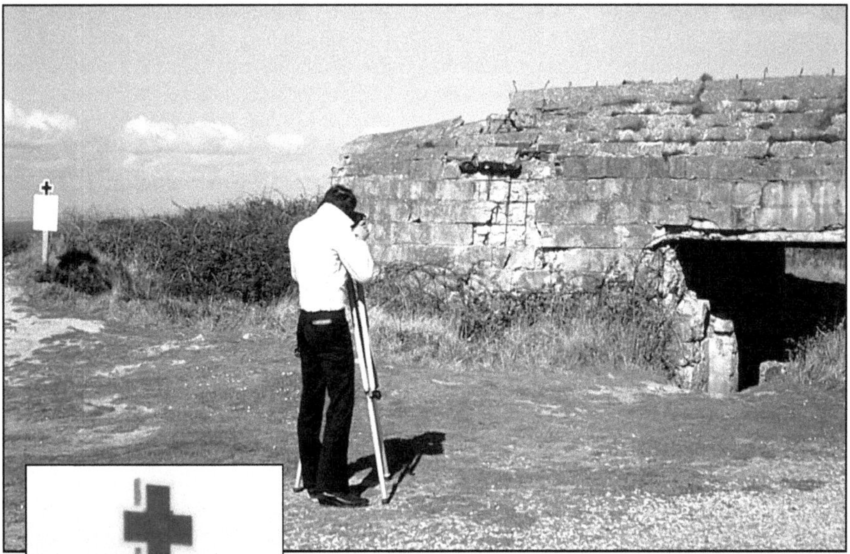

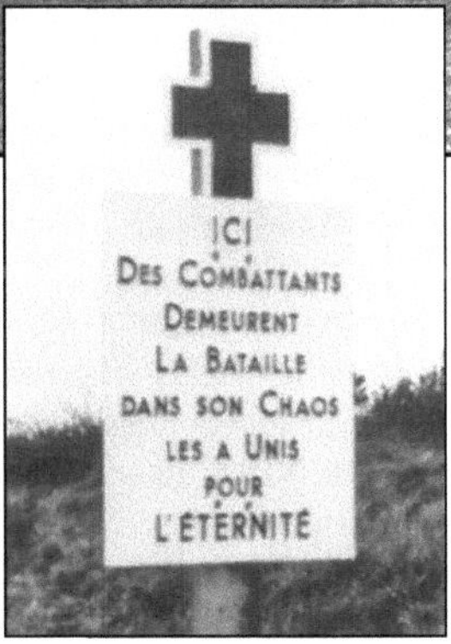

Mit einem etwa 60 x 80 cm großen Schild mit Balkenkreuz wurde noch bis zum Ende der 70er Jahre auf der Pointe du Hoc auch der deutschen Gefallenen gedacht.

Foto: Archives Éditions Heimdal

Noch bis zum späten Nachmittag erkundeten wir an diesem ersten Tag unseres Besuchs das unübersichtliche, von tiefen Bombenkratern zerklüftete historische Stützpunkt-Terrain. Wir entdeckten noch sechs fast völlig zerstörte Ringstellungen, zwei stark lädierte Kasematten und einige unterirdische Unterstände, in denen damals die deutschen Soldaten auf engstem Raum hausen mußten.

Als wir dann mit der wieder eintretenden Ebbe das Gelände und die Klippe der Pointe du Hoc verlassen mußten, um den Rückweg nach Vierville anzutreten, hatte uns eine gewisse Faszination für ein Stück Land ergriffen, dessen Historie wir gern genauer kennenlernen wollten...

Bereits am nächsten Tag waren wir wieder an der Pointe du Hoc – dieses Mal mit dem Auto. Da außer uns niemand auf dem Terrain anwesend war *(damals gab es an der Invasionsküste noch keine derartigen Touristenströme wie heute)* und diesbezüglich nirgendwo ein Verbotsschild stand, fuhr ich meinen Wagen bis in die unmittelbare Nähe jener Kasematte, die der Küste am nahesten stand, denn wir hatten eine umfangreiche Ausrüstung bei uns: Fotoapparate, Scheinwerfer, die beiden 16-mm-Filmkameras, das große Stativ – und unsere Tauchgeräte, deretwegen wir die ganze Reise überhaupt unternommen hatten...

Da wir noch auf einen für unsere Tauch-Exkursion günstigen Wasserstand warten mußten, begannen wir mit einer ganzen Serie von Foto- und Filmaufnahmen. Dabei fiel mir ein Blechschild auf, das in der Nähe einer der beiden Kasematten stand. Es war weiß lackiert und an seiner Oberkante mit einem deutschen Balkenkreuz verziert. Diese auf einem zwei Meter hohen Eisenpfahl aufgestellte Gedenktafel trug in großen schwarzen Buchstaben die Aufschrift *(sinngemäß)*: *Hier ruhen Frontkämpfer. Die Wirren der Schlacht haben sie bis in alle Ewigkeit vereint.*

Nach etlichen Foto- und Filmaufnahmen *(ich hielt damals in Freizeitheimen und Schulen erste Vorträge, um meine ständigen und aufwendigen Exkursionen zusätzlich finanzieren zu können)*, transportierten wir unsere schweren und empfindlichen Tauchgeräte das hohe Kliff hinunter. Erst trugen wir sie über die schmalen, ins Kalkgestein gehauenen Stufen bis zu der Holzplattform hinab, von dort aus ließen wir sie vorsichtig an 10 Millimeter starken Nylon-Seilen bis auf den schmalen, steinigen Strand hinunter. Nachdem wir oben, nahe der Kasematte, unsere Tauchanzüge angezogen und die Ebbe abgewartet hatten, kletterten wir wieder hinab und stiegen ins Wasser.

Der Stillstand der Tide, die fast senkrecht stehende Sonne sowie der sandlose, nur von handflächengroßen Steinen bedeckte Strand und der steinige Abhang zum Riff ermöglichten uns einigermaßen gute Sichtverhältnisse unter Wasser. Noch im unmittelbaren Spritzwasserbereich, vor der Spitze der vorgelagerten markanten Pointe-du-Hoc-Klippe, fanden wir Massen verrosteter amerikanischer Maschinenpistolen, dicht nebeneinander und übereinander liegend. Doch diese offenbar damals versunkene Bootsladung zu fotografieren, war in der geringen Tiefe und der nicht ungefährlichen Dünung in der Nähe des Riffs leider nicht möglich. So tauchten wir an den steil abfallenden Wänden weiter hinab und vorbei an stellenweise umherliegendem, undefinierbarem, rostigem Eisenschrott *(erst später, als ich über dieses Kapitel der Weltgeschichte besser informiert war, stellte ich fest, daß es sich dabei um Teile der als „Tschechenigel" bezeichneten Strandhindernisse gehandelt hatte).*

Nachdem wir eine beträchtliche Strecke längs des unterseeischen Riffs getaucht waren, entdeckten wir plötzlich an dem schrägen Hang, der sich in die dunkle Tiefe hinab erstreckt, eine große, metallene Kiste. Sie war dickwandig, sicher sehr schwer, stark verbeult und einst mit drei breiten Überwurfriegeln verschlossen worden – außerdem lag sie ohnehin

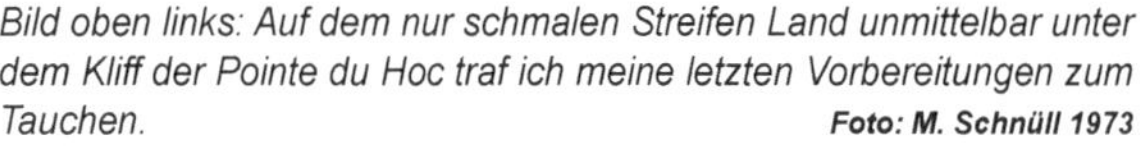

Bild oben links: Auf dem nur schmalen Streifen Land unmittelbar unter dem Kliff der Pointe du Hoc traf ich meine letzten Vorbereitungen zum Tauchen. **Foto: M. Schnüll 1973**

Bild oben rechts: Eine ungewöhnliche Entdeckung in acht Metern Tiefe: Eine rätselhafte, stark verbeulte Metallkiste am Riff; etwa zwei Meter lang, einen Meter hoch, 1,20 Meter breit – und für uns unmöglich, sie zu öffnen. **Foto: von Keusgen 1973**

Fundstücke aus dem Meer: Deutsche 7,92-mm-Patrone und der Ring eines Granatenzünders. **Kollektion von Keusgen**

Ein umgestürztes Loren-Chassis.

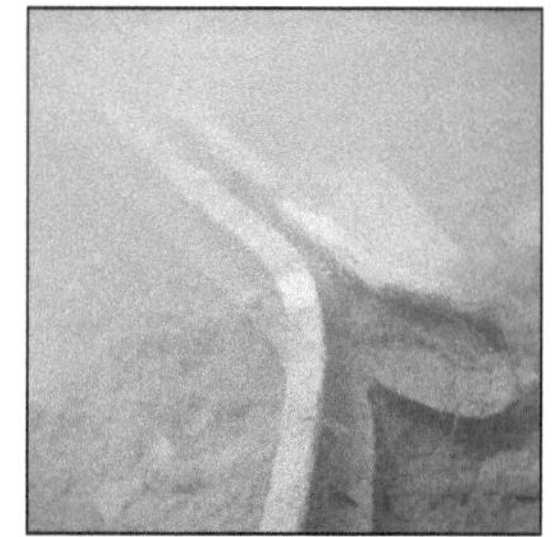

Eine von mehreren Schienen, die wir am Riff fanden.

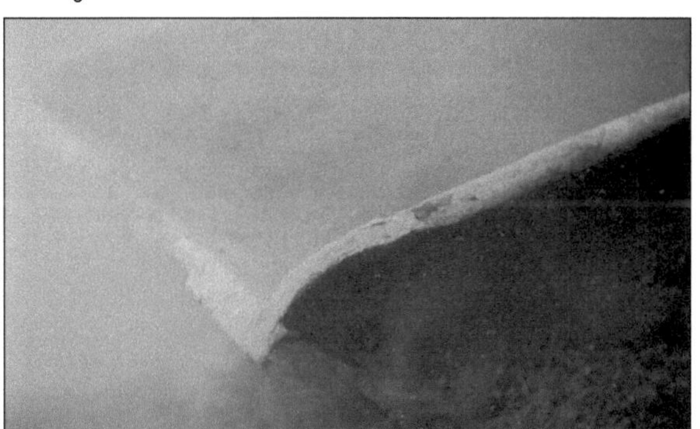

Die zum Chassis gehörende Schüttmulde. **Fotos: von Keusgen 1973**

Die Achse einer weiteren Lore.

Bild oben: Auf der B-Stelle, direkt am Monument der Ranger, traf ich während drei Jahrzehnten mehrereva-design D-Day-Veteranen – deutsche und amerikanische.
Foto: von Keusgen 2005

Bild links: Anläßlich einer Führung für Bundeswehrangehörige vor einer der vier Kasematten der Heeresküstenbatterie Azeville. *Foto: Elodie 2005*

Führungen entlang der gesamten Invasionsküste, sowohl für zivile Gruppen und das Militär von Helmut K. von Keusgen.

Der größte Bombenkrater hat eine Tiefe von 9,75 Meter.
Fotos links und Mitte: Elodie 2005

In der Kasematte Nr. 2. 1974 ahnte ich noch nicht, daß aus meinem Interesse an der D-Day-Historie einmal ein Beruf werden sollte… *Foto: M. Schnüll 1974*

auf dem Deckel. Um was es sich bei dieser ungewöhnlichen Kiste und ihrem Inhalt handelte, woher sie kam und zu welchem Zweck, blieb uns ein Rätsel. Wir tauchten weiter am Riff entlang und langsam tiefer. Dann fanden wir im zunehmend diffusen Licht schmale Feldbahnschienen. Nicht weit davon entfernt das Chassis einer Lore – und noch tiefer hinab ihre dazugehörige Schüttmulde. Alles war rostig und von Seepocken besetzt. *(Sehr wahrscheinlich stammten die Lore und einige ihrer Schienen vom damals im Bau befindlichen Stützpunkt auf dem Plateau an der Pointe du Hoc. Vermutlich waren sie von der Wucht der Explosionen bei einem der schweren Bombenangriffe der Alliierten über die Steilküste hinaus und mehr als einhundert Meter weit ins Meer geschleudert worden. Wie ich später erfuhr, wurde dieser Typ Lore von der Organisation Todt für die Bauarbeiten auf den deutschen Stützpunkten verwendet. Die 1938 gegründete und nach ihrem Leiter benannte Organisation Todt war von 1942 bis 1944 mit dem Ausbau des Atlantikwalls beauftragt.)*

Nach dieser ersten und interessanten Exkursion an der Pointe du Hoc im Jahr 1973 fuhren wir mit vielen Fragen, die sich uns infolge unserer Entdeckungen stellten, wieder nach Deutschland zurück. Damals gab es kaum spezielle deutschsprachige Literatur zum Thema D-Day 1944, und noch weniger über den Stützpunkt an der Pointe du Hoc. Publikationen, die man zu dieser Zeit erhalten konnte, waren nur allgemein gehalten. Aber weil uns die Historie dieses Ortes so sehr interessierte, kehrten wir bereits ein Jahr später wieder zur Pointe du Hoc zurück – und von nun an war der D-Day 1944 mein Thema…

Zeitzeugen

Im Laufe der Zeit besuchte ich die Invasionsküste der Normandie so oft es mir möglich war. Noch mehrmals tauchte ich vor ihrer Küste. 1974 lernte ich in Arromanches den französischen Buchautoren Marc Elmer kennen, der mir erste nähere Informationen zum *D-Day,* speziell zum Stützpunkt Pointe du Hoc vermittelte und mir schriftliches Informationsmaterial übergab. Er machte eine Aussage, die ich nie vergaß und die mein späteres Leben entscheidend veränderte: "Ein Mann sollte ein Buch schreiben…"

In der Folgezeit begegnete ich Franzosen, die den Krieg noch miterlebt hatten – und immer öfter ehemaligen Soldaten. Doch gab es nur wenige Überlebende, die noch von der Zeit des *D-Day* und den Ereignissen an der Pointe du Hoc berichten konnten, sowohl unter den Deutschen wie auch unter den US-Rangern…

Während meiner ersten Besuche in den 70er Jahren in der Normandie habe ich mehrere amerikanische und deutsche Veteranen getroffen, von denen ich mündliche Berichte zu den Kampfhandlungen an der Pointe du Hoc erhielt – auch von zwei Rangern. Da ich damals noch nicht wußte, daß ich später einmal Bücher zum Thema *D-Day* schreiben würde, sind ihre Namen leider in Vergessenheit geraten – doch viele ihrer Informationen nicht. Tonbandaufnahmen habe ich zu dieser Zeit nur selten und schriftliche Gesprächsprotokolle noch gar nicht erstellt. So konnte ich viele Begebenheiten, die mir in Erinnerung blieben, für dieses Buch nur dann verwenden, wenn sie mir durch spätere Berichte anderer Personen bestätigt wurden oder infolge des historischen Ablaufs den Ereignissen entsprachen.

Im Mai 1976 traf ich an der Pointe du Hoc, auf der Abdeckung des Beobachtungsbunkers, direkt am Ranger-Monument, einen deutschen Kriegsveteranen *(in Begleitung seiner Ehefrau)*, der damals dort stationiert war. Der ehemalige Batterie-Offizier erzählte, daß er diesen Ort in den Jahren nach dem Krieg bereits einige Male besucht habe. Da ihn seine Erinnerungen aber jedes Mal so tief erschütterten, hatte er sich immer wieder vorgenommen, nicht noch einmal zurück zu kommen. Er erzählte mir, daß er sich am *D-Day* in eben dieser Beobachtungsstelle *(B-Stelle)* beziehungsweise Feuerleitstelle für die Artillerie, ganz vorn, auf der Landzunge nahe der Klippe der Pointe du Hoc, aufgehalten habe. Als die Ranger dann versucht hatten, die Steilküste zu erklimmen, habe man ihnen von einem noch einige Meter vorgelagerten Munitionsbunker aus regelrecht in den Rücken schießen können.

„Am 6. Juni", so sagte er, „richteten wir ein Massaker unter den Rangern an…"

Seine ausführlichen Schilderungen über die dramatischen Ereignisse schloß er ab mit den Worten: „Ich weiß, daß hier immer noch 106 deutsche Soldaten vermißt werden. Wenn sie nicht von Bomben oder Granaten zerfetzt wurden, liegen sie wohl auch jetzt noch in den Unterständen, irgendwo tief unter der Erde – hier war doch alles unterkellert."

1999 erschien meine erste Buchpublikation mit dem Titel *D-Day 1944*. Im Zuge umfangreicher Recherchen zu dieser und weiterer Publikationen zum Thema erhielt ich auch immer wieder Informationen betreffs der Kampfhandlungen an der Pointe du Hoc. Doch bei näherer Prüfung stellte ich fest, daß es den Berichten allgemein an Objektivität und klaren Fakten mangelt und sie oft geradezu ambivalent erscheinen. Manche dieser Publikationen wichen sogar in ihrer Darstellung der Begebenheiten deutlich voneinander ab. Aber über eines schien man sich einig zu sein: Die Aktion der Ranger war ein gelungenes Unternehmen – das allerdings in den amerikanischen Berichten nicht selten mit einer Aura übertriebener heldischer Schwüle dramatisch verklärt wird. Die deutschen Verteidiger scheinen darüber jedoch in Vergessenheit geraten zu sein. Sie wurden in der Berichterstattung lediglich insofern erwähnt, daß sie den Angreifern erbitterten Widerstand leisteten – was den Ruhm der Ranger somit nur noch größer erscheinen läßt.

Seit 2001 führe ich nun alljährlich viele Gruppen Interessierter an der gesamten ehemaligen Invasionsküste entlang – auch an die Pointe du Hoc. Und immer wieder lautet die offenbar wichtigste Frage, die mir gestellt wird, wie es den Rangern unter den extremen Gefechtsbedingungen gelingen konnte, das Kliff zu ersteigen und den deutschen Stützpunkt einzunehmen. Da ich selbst, wenn ich die Pointe du Hoc besuche, immer wieder Zeuge anderer Touristen-Führungen bin, höre ich auch immer wieder von einer handstreichähnlichen Darstellung. Außerdem sollten die ersten Ranger bereits fünf Minuten nachdem die Rampen ihrer Landungsboote auf den Kies vor dem Kliff herabgefallen waren, alle weiteren innerhalb 15 Minuten, das Plateau auf der Steilküste erreicht haben. Doch dieses erschien mir und allen Personen, mit denen ich im Verlauf von über dreißig Jahren darüber gesprochen habe, absolut unmöglich. Genau diese Frage war es, die mich veranlaßte, die Kampfhandlungen an der Pointe du Hoc zum Thema eines Buches zu machen – ganz besonders deswegen, weil es die Ranger *tatsächlich* geschafft hatten, heraufzukommen. Wie lange sie dazu auch gebraucht hatten, es war eine außergewöhnliche und durchaus als heroisch zu bezeichnende Leistung.

Im September 2004 begann ich mit der letzten Recherche zu diesem vorliegenden Buch. Da mir bisher keine deutschsprachige Gesamtabhandlung über die Kämpfe an der Pointe du Hoc bekannt ist *(ganz abgesehen von einem detaillierten Bericht über die Entstehung des Stützpunktes und dem Leben seiner Soldaten)*, die noch dazu auf Aussagen *deutscher* Beteiligter basiert, interessierten mich folglich primär genau *diese* Veteranen. Doch die Chance, einen solchen Veteranen zu finden, war nur klein – 60 Jahre nach dem *D-Day,* und ganz besonders unter Berücksichtigung der Tatsache, daß die ohnehin nur wenigen Soldaten vom Stützpunkt Pointe du Hoc die dortigen und späteren Kampfhandlungen überhaupt überlebt hatten.

Die östliche Pointe-du-Hoc-Bucht, in der die Ranger am Morgen des D-Day auf dem nur schmalen Kiessaum gelandet waren. Auf dem Kliff der Observationsbunker mit dem Monument zu Ehren der Ranger.

Fotos: von Keusgen 2005

Manfred Schnüll am äußersten Grad des Kliffs der Pointe du Hoc. Hier wird die Höhe von 33 Metern erst richtig anschaulich und läßt die damaligen Probleme der Ranger, diese Steilwände zu ersteigen, ahnen.

Foto: von Keusgen 1974

Von Marius Bazire, der bereits seit drei Jahrzehnten als Gärtner auf der Pointe du Hoc arbeitet, erhielt ich 2005 viele wichtige Informationen.

Foto: K. C. Röhrs 2005

Hans Lücking war einst als Kartenzeichner für Rommels Stab tätig, hatte sich nach dem Krieg ein Haus in Saint Laurent am „Omaha Beach" gekauft und war für mich ein sehr wichtiger Informant (1974 im Gespräch mit mir).

Foto: K. Franz 1974

Mein erster Informant war dann ein ehemaliger Wehrmacht-Soldat, mit dem ich bereits mehrfach gearbeitet hatte: Kurt Karl Keller, Autor des in Zusammenarbeit mit mir im Jahr 2004 beim H.E.K.Creativ Verlag erschienenen Buches *Vom Omaha Beach bis Sibirien – Horror-Odyssee eines deutschen Soldaten*. Zwar gehörte Keller nicht zu den Stützpunkt-Soldaten an der Pointe du Hoc, doch war er an der Errichtung von Strandhindernissen nahe der Klippen beteiligt gewesen und hatte anläßlich dieser Arbeiten auch den Stützpunkt besucht.

Auf den nächsten Pointe-du-Hoc-Veteranen wurde unser Verlags-Team anläßlich meiner Recherchen zum Buch *Die Kanonen von Saint Marcouf* eher zufällig aufmerksam gemacht: Emil Kaufmann, damals als Fernmelde-Unteroffizier in der B-Stelle an der Pointe du Hoc. Während meines Interviews erzählte Kaufmann dann von einem ehemaligen Kameraden, der erst als Kanonier, dann ebenfalls in der B-Stelle tätig war: Albin Wienand, der nur rund 35 Kilometer von Emil Kaufmann entfernt wohnt. So erhielt ich bereits im Oktober 2004 äußerst komplexe Informationen betreffs des Stützpunktes. Doch eines hatten alle drei Veteranen leider gemeinsam: Am *D-Day*, den 6. Juni 1944, war keiner von ihnen mehr an der Pointe du Hoc gewesen. Auch die Informationen des Sohnes des inzwischen verstorbenen damaligen Artillerie-Unteroffiziers Rudolf Karl konnten nur wenig zu einem klaren Bild der Ereignisse dieses Tages beitragen.

Bereits seit dem Spätherbst 2002 arbeitete ich mit mehren internationalen Film- und Fernsehgesellschaften an Dokumentationen für den 60. Jahrestag des *D-Day* im Jahr 2004. Von einem der Fernsehleute erhielt ich die Adresse des Amerikaners Leonard G. Lomell, der im Krieg als Ranger im Rang eines Oberfeldwebels an der Erstürmung des Stützpunktes an der Pointe du Hoc maßgeblich beteiligt war. Auch war mir bekannt, daß er als Zugführer seiner D-Kompanie den höchst brisanten und wichtigen Auftrag ausgeführt hatte, die von den Amerikanern so gefürchteten Kanonen der schweren Heeres-Küsten-Batterie zu zerstören. Selbstverständlich war sein persönlicher Bericht betreffs der damaligen Kampfhandlungen für mich von großem Interesse. So ließ ich ihm von meiner Mitarbeiterin bereits am 23. Februar 2004 einen Brief schicken, mit der Bitte, mich bei meinen Recherchen zu unterstützen und mir einen persönlichen Bericht zu senden. Jedoch blieb eine Reaktion darauf aus.

Im Mai 2005 besuchte ich nochmals das Ranger-Museum in Grandcamp-Maisy, 4,6 Kilometer westlich von der Pointe du Hoc entfernt. In einem Gespräch mit Monsieur Claude Massin, dem Direktor des Museums und stellvertretenden Bürgermeister, kam das Thema auch auf Leonard G. Lomell als einer der kompetenten amerikanischen Zeitzeugen. Zurück in Deutschland ließ ich Lomell am 4. Juli 2005 ein weiteres Mal anschreiben. Dieses Mal unter Bezugnahme auf das mit Monsieur Massin geführte Gespräch – ich hoffte, daß er nun darauf reagieren würde...

Im Juni 2005, als ich mich noch in der Normandie aufhielt, hatte ich eine weitere positive Überraschung erlebt: Madame und Monsieur Corbin, die Besitzer des *Musée du Grand Bunker* in Ouistreham, machten mich auf einen ihnen bekannten deutschen Veteranen aufmerksam, der am *D-Day* auf der Pointe du Hoc stationiert war: Wilhelm Kirchhoff. Eine große französische Zeitung hatte über ihn einen langen Bericht gebracht, als er 1984 das 5-etagige Bunker-Museum besuchte.

Als der inzwischen 80-jährige Veteran dann von uns angerufen wurde, wollte Kirchhoff zuerst „mit all dem nichts mehr zu tun haben" *(ein Verhalten, das gerade für deutsche Kriegsveteranen typisch ist)*. Am 24. Juli 2005 kam es aber doch zu einem Treffen auf

Fotos oben und links: Von See her lassen sich die durch Erosion entstehenden Veränderungen der Klippe und des angrenzenden Kliffs gut beobachten. Das Profil der Klippe ist in den 33 Jahren seit 1973 deutlich kleiner geworden, die Steilküste um mehr als fünf Meter abgebrochen. Dort, wo früher der markante "Torbogen" das Kliff mit der Klippe verband, klafft heute bereits ein breites Loch.

Fotos: T. Moder 2005

Eine Exkursion unter der hohen Steilküste an der Pointe du Hoc ist infolge des unwegsamen Geländes nicht nur sehr mühsam, sondern auch sehr gefährlich – weil das unterseeische Riff steil abfällt und das Wasser folglich schnell steigt...

Foto: Elodie 2005

Halb und gänzlich verschüttete Tunnels (es scheint, als führten sie nach nirgendwo) und von schweren Explosionen verkantete Bunker. Vieles erscheint rätselhaft...

Foto: von Keusgen 2005

seinem Bauernhof. Wilhelm Kirchhoff war zu diesem Zeitpunkt immer noch ein geistig reger Mann mit gutem Erinnerungsvermögen, der den damaligen Ereignissen offenbar distanziert und abgeklärt gegenüberstand. Seine Aussagen während meines Interviews erschienen prägnant und emotionslos. Der ehemalige MG-Schütze Kirchhoff hatte 1944 einer nahe Rouen stationierten Nebelwerfer-Einheit angehört und war mit 14 Kameraden zwei Wochen vor dem *D-Day* als zusätzliche Verstärkung auf den Stützpunkt Pointe du Hoc verlegt worden *(man erwartete bereits seit einiger Zeit die Invasion)*. Dort erlebte er den Angriff der Ranger, danach die Rückzugkämpfe der Wehrmacht bis zum 20. August 1944, anläßlich dieser er gleich neunfach verwundet wurde und dabei ein Auge verlor.

Dann erzählte mir Wilhelm Kirchhoff, der nach dem Krieg noch mehrmals die Pointe du Hoc besucht hatte, seine Erlebnisse – chronologisch und detailliert. Auf meine Fragen antwortete der Veteran ohne lange zu überlegen, artikulierte sich unmißverständlich und glaubwürdig. Ausführlich berichtete er vom Versuch der Ranger, die Steilküste zu erklimmen, und davon, daß er direkt am Rand des Kliffs mit seinem MG'42 postiert war, unmittelbar oberhalb der Landungsboote. Dann erzählte er, daß man ihn und seine Kameraden am 6. Juni mittags wieder abgeholt und zu ihrer Einheit zurückgebracht habe. Als ich Kirchhoff fragte, wann denn nun die Ranger das Plateau der Pointe du Hoc erreicht hatten, machte er eine verblüffende Aussage: „Solange ich dort war, kam kein einziger Ranger bis oben hinauf."

Zwölf Tage nach meinem Besuch bei Wilhelm Kirchhoff erhielt ich einen Brief von Leonard G. Lomell, den er am 29. Juli 2005 an mich geschrieben hatte. Er sandte mir umfangreiches Textmaterial betreffs seiner Person und der Ereignisse an der Pointe du Hoc, einen freundlichen Brief, eine persönliche Biographie und einen Vortrag über seine Kriegserlebnisse *(in schriftlicher Form)*, den er einst in den USA gehalten hatte *(nachfolgend im Text auszugsweise zitiert)*.

Die Monate September und Oktober 2005 hielt ich mich fast ausschließlich im Bereich der Pointe du Hoc auf. Für Interviews mit franzözösischen Zeitzeugen, Fotoaufnahmen, umfangreichen Vermessungsarbeiten sowie etlichen Exkursionen zu markanten Orten, die mit den historischen Ereignissen rund um die Pointe du Hoc zu tun hatten, brauchte ich noch einmal viel Zeit. Während dieser Arbeiten wurde es mir auch noch zweimal ermöglicht, die von 2002 bis Ende 2010 für Besucher abgesperrte Spitze der Landzunge und den darauf errichteten ehemaligen Beobachtungsbunker zu betreten.

Während dieser letzten beiden Monate meiner Recherchen vor Ort suchte ich auch jene Stelle im Hohlweg auf, an der die von den Amerikanern am *D-Day* so gefürchteten 15,5-cm-Kanonen gestanden hatten. Außerdem besuchte ich die Pointe du Hoc mehrmals von See her mit einem großen Motorboot und bei Ebbe zu Fuß am Strand entlang.

(Da ich aus Erfahrung weiß, daß viele Leser meiner Bücher diese als Führer vor Ort in Anspruch nehmen und damit die von mir beschriebenen Stätten aufsuchen, sehe ich mich veranlaßt, dringend davor zu warnen, sich ohne einen meereskundigen, erfahrenen Führer allein und zu Fuß unterhalb der dreißig Meter hohen Steilküste zu bewegen. Beim Einsetzen der Flut steigt das Meer zum Teil so hoch, daß es nicht nur sehr schnell den schmalen Saum vor dem Kliff überspült, sondern auch noch bis zu einigen Metern daran emporsteigt. Ein Erklettern der an vielen Stellen auch noch über weite Strecken überhängenden Steilküste ist in diesem Bereich, zwischen Grandcamp und Vierville, für nicht speziell trainierte Personen unmöglich. Außerdem brechen immer wieder infolge Erosionen mehr oder weniger große Teile des fast senkrechten Kliffs ab und stürzen lawinenartig und nicht selten

mit einem Gewicht von mehreren Tonnen herab. Folglich ist eine derartige Exkursion hochgradig lebensgefährlich! Dieses gilt auch für eine Begehung an der inzwischen abgezäunten oberen Kante der Steilküste.)

Als ich im Januar 2006 bereits mitten in den Ausarbeitungen der Texte zu diesem Buch war, bekam ich noch einige wertvolle Informationen von Benno Müller, einem Veteranen der ehemaligen 369. Funkmeßkompanie. Auch er war am *D-Day* noch auf dem Stützpunkt an der Pointe du Hoc stationiert. Seine Aussagen trugen dazu bei, daß im letzten Moment viele bisher unerklärbare Umstände und ungeklärte Fragen beantwortet werden konnten.

Je mehr Eindrücke und Informationen ich im Laufe der Zeit betreffs des Stützpunktes Pointe du Hoc bekam, um so dubioser und rätselhafter erschien mir die Geschichte dieses deutschen Stützpunktes auf der schmalen Landzunge nahe Grandcamp. Während meiner Recherchen stieß ich auf geradezu phantastische Aussagen und Berichte, in denen die Anlage der Heeres-Küsten-Batterie zum Beispiel als Scheinstellung dargestellt wurde, oder eine andere Darstellung, die von einer ganzen unterirdischen Stadt berichtet, eine weitere von einem weit verzweigten Tunnel-System, das bis zum mehr als sieben Kilometer entfernten Vierville reichen sollte, und viele andere zweifelhafte Dinge. Die überlieferten Ereignisse an der Pointe du Hoc tragen nicht selten einen ähnlich legendenhaften Charakter. Da ich mich aber auf bereits Geschriebenes nur teilweise und Abgeschriebenes gar nicht verlasse, mich außerdem als Chronist betrachte und nicht als Geschichtenschreiber, habe ich es mir hier zum Ziel gesetzt, die Wahrheit von der Legende loszulösen.

Bei der Rekonstruktion der historischen Ereignisse an der Pointe du Hoc wurden diesem Buch ausschließlich mündliche und schriftliche Berichte von Franzosen, Amerikanern und Deutschen sowie Dokumente zugrunde gelegt, die alle in ihren Ausführungen untereinander verglichen und somit, soweit es möglich war, auf ihren Originalitätsgehalt geprüft. Für meine Literatur-Recherchen betreffs der Ranger kamen ausschließlich amerikanische Publizisten infrage, da ich davon ausgehe, daß diese, entsprechend ihrer Sorgfaltspflicht als Schriftsteller beziehungsweise Historiker, für ihre eigenen Recherchen Ranger-Veteranen befragt haben. Dabei mußte ich häufig feststellen, daß diesen amerikanischen Schriftstellern ganz offensichtlich die örtlichen Verhältnisse nicht genügend oder gar nicht bekannt waren – was zwangsläufig zu erheblichen Verzerrungen bei der Wiedergabe der geschichtlichen Ereignisse führte.

Während meiner Recherchen stieß ich außer auf etliche ambivalente Darstellungen seitens ehemaliger Teilnehmer an den Kampfhandlungen auch auf eine Menge mysteriöser und bisher ungeklärter Umstände, Begebenheiten und unbeantworteter Fragen, was mich veranlaßte, diesem Buch auch einen dementsprechenden Titel zu geben:

Pointe du Hoc – Rätsel um einen deutschen Stützpunkt

Helmut Konrad von Keusgen

Kasematte Nr. 2

Wegen der 15,5-cm-Langrohrkanonen, von denen eine auch in dieser Kasematte gestanden haben sollte, wurde der Stützpunkt bereits ab April 1944 mehrfach stark bombardiert und am D-Day von der Schiffsartillerie beschossen – die Spuren zeugen von der Gewalt der Explosionen.　　Foto: von Keusgen 1999

Teil 2
Bis zum D-Day...

Die Entstehung des Stützpunktes Pointe du Hoc

Zwei Jahre lang, bis Ende Mai 1942, war die als erste Heeres-Küsten-Batterie des gesamten Atlantikwalls aufgestellte 2. Batterie der Heeres-Küsten-Artillerie-Abteilung *(HKAA)* 832 am Pas de Calais und nahe Le Portel, einem südlichen Vorort von Boulogne-sur-Mer, stationiert. Zu dieser Zeit gab es noch keine Küstenbefestigungsanlagen. Nach der Besetzung Frankreichs, im Frühsommer 1940, hatte man aus einem französischen Depot 18 alte 15,5-cm-Langrohrkanonen aus dem Ersten Weltkrieg geholt, reaktiviert und zu je sechs Exemplaren an drei Batterien aufgeteilt – eine davon war die 2./832 HKAA. *(Insgesamt stellte das Heer bis 1945 mehr als 600 Küsten-Batterien auf.)*

Am 24. Mai 1942 wurde diese Batterie mit der Bahn 290 Kilometer an der Küste des Ärmelkanals hinab nach Isigny-sur-Mer verlegt. Von Isigny aus zog dann die Truppe den

Eine der französischen 15,5-cm-Langrohrkanonen aus dem Ersten Weltkrieg in der Batterie-Stellung der 10./745 HKAA bei Lestre, unweit St. Marcouf, auf der Cotentin-Halbinsel (Chef dieser Batterie war Hauptmann Dr. Hugo Treiber – im Bild. Seit April 1942 war Dr. Treiber dann Chef der 2./1261 HKAA bei Azeville; siehe den Titel dieser Buch-Serie "Die Kanonen von Saint Marcouf").

12-Tonnen-Zugkraftwagen aus St. Lô wurden in diesem Raum eingesetzt, um große Geschütze zu ihren Standplätzen zu ziehen (hier eine schwere Feldhaubitze).

Fotos: Kollektion Prof. Dr. H. Treiber

12 Kilometer weiten Weg zur Pointe du Hoc. *(Die 1. Batterie dieser Abteilung wurde nach Riva Bella an der Orne-Mündung verlegt, die 3. Batterie in die Nähe von Ste.-Mère-Église auf die Cotentin-Halbinsel.)* Obwohl offiziell als „bespannt" deklarierte Batterie, besaß sie dennoch nur vier alte Pferde. Zum Ziehen der sechs 11,7 Tonnen *(Marschgewicht)* schweren 15,5-cm-Langrohrkanonen mußten extra spezielle Zugmaschinen aus dem 32 Kilometer entfernten St. Lô angefordert werden. Bei den Geschützen der 2. Batterie handelte es sich um französische Beute-Kanonen des Typs *Canon de 155 GPF (Grande Puissance Filloux)* Modell K 418 mit einer Reichweite von maximal 19,5 Kilometer.

Gleichzeitig zur Verlegung der 2./832 HKAA wurde auch der 27-jährige Leutnant Frido Ebeling von dieser Einheit in Nordfrankreich zur Pointe du Hoc versetzt, um nun das Kommando über diese Batterie zu übernehmen. Dort angekommen, schrieb er am 1. Juni 1942 in die Heimat und an eine gute Bekannte *(ohne dabei den Ort zu benennen, von dem aus er den Brief absandte – weil dieses streng verboten war)*:

Hab vielen Dank für Deinen Brief und die Zeitschriften. Inzwischen hat sich zwar meine Feldpost-Nummer geändert und meine Örtlichkeit, ich bin aber immer noch im Westen. Nun bin ich auch noch von unserem Kommandeur in eine andere Einheit versetzt worden, die von mir wieder neu aufgebaut werden soll. Dies ist mein größter Kummer – wieder mit neuen 150 Männern von vorne anzufangen mit der Ausbildung. Daß dieses keinen Spaß macht, kannst Du Dir vorstellen! Mein alter Regiments-Kommandeur schreibt, daß er mich im Osten dringend gebrauchen könnte, was allerdings auch ein zweifelhaftes Vergnügen sein würde. Aber im Augenblick will man mich hier nicht fortlassen. Wenn man hier als junger Mensch zwischen so älteren – man kann sagen – sturen Vorgesetzten sitzt, kann man schon zuviel bekommen! Aber Kommiß ist Kommiß, da gibt es kein Mittel dagegen! Wir liegen jetzt hier in dem landwirtschaftlich reichsten Land Frankreichs – Steilküsten – rundherum Weiden, von Hecken umgeben. Die Bauern haben nur Rindvieh und wenig Ackerbau, das macht das Leben auf dem Land einfacher. Wie ich hörte, braut sich in Afrika mit Rommel auch etwas zusammen, das kann ernst werden. Allmählich wird dieser schlimme Krieg auch in der Heimat geführt, mit Bombenangriffen und Ernährungsproblemen. So allmählich wäre es Zeit, Schluß damit zu machen!

Für heute alles Gute für Euch – Dein Frido

Kurze Zeit nachdem Ebeling zum neuen Chef der 2. Batterie ernannt worden war, wurde er zum Oberleutnant befördert.

Soldaten der 2./832 HKAA während ihrer Verlegung an die Pointe du Hoc (rechts Emil Kaufmann). **Foto: Kollektion E. Kaufmann**

Leutnant Frido Ebeling, der neue, 27-jährige Chef der 2. Batterie der HKAA 832.
Foto: Kollektion L. Ebeling

Emil Kaufmann 1940 als 21-jähriger Rekrut.
Foto: Kollektion E. Kaufmann

Einer der Soldaten der Batterie-Besatzung war der 23-jährige Gefreite Emil Kaufmann. Am 25. Oktober 1919 in Eppertshausen in Hessen geboren, wurde Kaufmann am 2. Oktober 1940 eingezogen, dem 4. Motorisierten Artillerie-Regiment zugestellt und in Mühlhausen in Thüringen ausgebildet. Der gelernte Feintechniker absolvierte während seiner Spezialausbildung als Fernmelder einen Kabellötkurs. Wie alle Soldaten hatte auch Emil Kaufmann Angst, an die Ostfront geschickt zu werden, doch kam er zur 2./832 an den Pas de

Calais. Über seinen ersten Eindruck, den Kaufmann bekam, als er zum ersten Mal den bis dahin noch nicht einmal eingezäunten Stützpunkt auf dem Plateau der über 30 Meter hohen Steilküste an der Pointe du Hoc betrat, sagte er: „Als wir zur Pointe du Hoc kamen, erschien uns alles völlig harmlos. Es war ein Privatgelände, auf dem bisher nur 18 deutsche Infanteristen stationiert waren."

Emil Kaufmann vor einem der provisorischen, unterirdischen Unterstände, in denen ein großer Teil der Soldaten bis zur Fertigstellung betonierter Unterkünfte einquartiert war – fast ein Jahr lang…

Foto: Kollektion E. Kaufmann

Dort, wo früher der Eingang zum Stützpunkt war, betritt man das Terrain auch heute noch: Links der Weg von der Pointe du Hoc ins Hinterland, rechts der Laufgraben.

Foto: von Keusgen 2005

(Die Kompanie, der diese Infanteristen angehörten, war in Privat-häusern in der Nähe der Pointe du Hoc einquartiert – nur noch bis Ende Mai 1942.)

Das 12 Hektar große Terrain an der Pointe du Hoc gehörte zu dieser Zeit drei französischen Familien: Der größte, im östlichen Bereich gelegene Teil gehörte der Familie Le Normand, der mittlere der Familie Valerie und der westliche Teil der Familie Garin. Das südlich angrenzende Land war Besitz der Familie Guelinel, die auf ihrem nur 510 Meter von der Spitze der Steilküste entfernten ländlichen Anwesen wohnte. In den Stallungen ihres großen Gehöfts wurden die vier Pferde der Batterie untergestellt. Auch alle Soldaten der 2. Batterie wurden vorläufig in den Ställen und im Wohnhaus einquartiert. Jeden Morgen mußten sie im Innenhof des Anwesens antreten.

Die Offiziere quartierten sich in den ersten, nur wenigen kleinen Häusern ein, die an dem schmalen, notdürftig befestigten Weg, der zum Stützpunkt an der Pointe du Hoc führte, standen. Der 1915 in Lehmke Kreis Uelzen in Niedersachsen geborene Oberleutnant Frido Ebeling war ein ruhiger, besonnener Mann, der bei seinen Unteroffizieren und Soldaten schon bald sehr beliebt war. Zu seiner Batterie-Mannschaft gehörten zu dieser Zeit noch vier weitere Offiziere sowie 18 Unteroffiziere. *(Die Personalstärke einer schweren Batterie betrug regulär 6 Offiziere, 20 Unteroffiziere und bis zu 120 Mann.)* Stellvertretender Batteriechef war Oberleutnant Brotkorb, und Batterie-Feldwebel war Hauptwachtmeister Appel.

140 Meter vom Guelinel-Anwesen entfernt und dem Stützpunkt näher gelegen, wurden zwei geräumige Holzbaracken errichtet, die für einen erheblichen Teil der Soldaten als Quartier dienten. Dennoch mußten viele von ihnen in den ersten inzwischen ausgehobenen Laufgräben schlafen. Über diesen Umstand berichtete Emil Kaufmann: „Die neu angelegten Gräben wurden mit ein paar Brettern und Planen überdeckt; Hauptsache, man hatte irgendein Dach über dem Kopf…"

Die Küche war auf dem Guelinel-Anwesen etabliert. An dem großen Hauptgebäude war bereits von den vorher dort stationierten Infanteristen eine geräumige Holzbaracke angebaut worden. Sie hatte eine Grundfläche von acht Metern Breite, zwölf Metern Länge und diente mit ihren drei Räumen als Schreibstube und Kantinen für Offiziere und Mannschaften. Ein Raum wurde gleichzeitig als Aufenthalts- und

Schulungsraum genutzt, in dem die Soldaten fachlichen Unterricht erhielten. Die Baracke hatte man zur Sicherheit so tief in den Erdboden gebaut, daß ihr Dach noch einen Meter unter dem normalen Boden-Niveau lag. Der Erdaushub wurde als Splitterschutzwall ringsherum aufgeschüttet. Die Soldaten nutzten den Aufenthaltsraum gern in ihrer Freizeit. Der Stützpunkt verfügte über keinen eigenen Stromgenerator, sondern wurde vom französischen Netz, von Saint-Pierre-du-Mont aus, mit 120 Volt versorgt.

Eigentümerin des großen Anwesens war die Witwe Guelinel. Sie war Bäuerin, hatte einen 25-jährigen Sohn und zwei Töchter im Alter von 27 und 28 Jahren. Die ältere Tochter hatte das elterliche Anwesen bereits verlassen und war nach ihrer Vermählung nach Cherbourg gezogen. Der Sohn der Guelinels nutzte die eigentlich unerwünschte Anwesenheit der deutschen Soldaten kommerziell, indem er schon bald nach ihrer dortigen Stationierung in dem Anwesen einen kleinen Verkaufsstand für Süßigkeiten und Spielzeug einrichtete. *(Die Guelinels wurden aber nur 11 Wochen später, im September 1942, von der deutschen Kommandantur zwangsevakuiert.)*

Bereits sehr bald nach der Stationierung wurden für die sechs großen Kanonen von den Soldaten auf dem noch provisorischen Stützpunkt offene Feldstellungen ausgehoben und das steinige Erdreich zu etwa einen Meter hohen und mit Sandsäcken verstärkten Wällen aufgeschüttet. So

Einschießen einer der sechs an der Pointe du Hoc anfangs noch in völlig offener Position befindlichen 15,5-cm-Kanonen.

Originalbezeichnung dieser französischen Geschütze:
Canon de 155 GPF (Grande Puissance Filloux)

Deutsche Bezeichnung der Kanonen: 15,5 cm K 418(f)
Kaliber: 155 mm
Gesamtlänge: 591,5 cm
Rohrlänge: 572,5 cm
Länge der Züge: 458,3 cm
Marschgewicht: 11,7 t
Gefechtsgewicht: 10,75 t
Seitenrichtbereich: 60°
Höhenrichtbereich: 0°/+35°
Vo: 735 m/sec.
Geschoßgewicht: 43 kg
max. Reichweite: 19,5 km
Feuerfolge: 1 Schuß/min.

Dieses Modell wurde 1917 erstmals eingesetzt, ab 1918 auch bei der USArmee eingeführt – unter der Bezeichnung 155 mm Gun M1918 M1 und war bis in den Zweiten Weltkrieg in Gebrauch. Von den 1939 noch 449 in Frankreich vorhandenen Kanonen wurden die meisten von der Wehrmacht erbeutet.

Erste improvisierte Ringstellung an der Pointe du Hoc.
Fotos: Kollektion E. Kaufmann

entstanden an der Pointe du Hoc die ersten Ringstellungen. Breite Tarnnetze, die dann darüber gezogen wurden, sollten ein Erkennen aus der Luft erschweren.

Zur Sicherung des noch provisorischen Stützpunktes wurden zwei hölzerne Wachtürme
errichtet – einer auf dem Dach der großen Scheune des Guelinel-Anwesens, der andere,
nicht sehr hohe, an der westlichen Flanke des Batteriegeländes. *(Der auffällige Turm auf
der Scheune wurde im Winter 1942/43 wieder demontiert.)* Für die Beobachtungs- und Feuerleitstelle der Batterie gruben die Soldaten einen provisorischen Unterstand nahe des Eingangsbereichs, der mit Wellblech-Halbschalen überdacht wurde.

*Das deutsche Wasserflugzeug, das zu einem Inspektionsflug entlang des Atlantikwalls unterwegs war,
wurde von einem britischen Jagdbomber angegriffen (rechts im Bild die vier auf das Flugzeug abgefeuerten Raketen).* **Kollektion E. Kaufmann**

*Bauarbeiter der Organisation
Todt. Ende 1944 gab es über
1,36 Millionen – Zivilarbeiter,
und Zwangsverpflichtete, aber
auch Kriegsgefangene und
KZ-Häftlinge wurden hinzuge-
zogen.* **Foto: S. Eisengräber 2005**

Im Juli 1942 kam es vor der Pointe du Hoc zu einer spekta-
kulären Begebenheit: Ein deutsches Wasserflugzeug flog zur
Inspektion der Küstenstützpunkte auf das offene Meer hinaus. Kaum hatte es das Festland verlassen, wurde es plötzlich von einem Jagdbomber angegriffen. Aus dem Tiefflug zog
der britische Pilot kurz vor dem Wasserflugzeug seinen Jabo
hoch und feuerte seine vier Raketen darauf ab. Das Wasserflugzeug wurde getroffen, stürzte vor der Pointe du Hoc ins
Meer und versank.

Im November 1942 erschien die Organisation Todt *(OT)*
mit ihren Bauarbeitern auf dem Pointe-du-Hoc-Stützpunkt. Zu
den mehr als 150 regulären deutschen OT-Bauarbeitern wurden auch noch viele Franzosen aus den umliegenden Ortschaften zwangsverpflichtet. Sie waren 16 bis 45 Jahre alt.
Auch gab es viele Zwangsarbeiter aus Algerien und Kriegsgefangene von der Ostfront – Russen und Polen. Insgesamt
arbeiteten von nun an fast 500 Mann auf der plötzlich entstandenen Großbaustelle. Auch ein Teil der Batterie-Mannschaft wurde täglich für die Schanz- und Ausbauarbeiten des
Stützpunktes eingeteilt. Die Zwangsarbeiter bauten innerhalb
weniger Tage im Innenhof eines großen Anwesens im nur

dreieinhalb Kilometer entfernten Englesqueville-la-Percée zwei große Baracken, die für sie von nun an als Unterkünfte dienten. Auch ihre deutschen Wachsoldaten schliefen dort. Die Verwaltung der Organisation Todt war im Hauptgebäude dieses Anwesens untergebracht, zu dem eine telefonische Verbindung mit dem kurz darauf erbauten Batteriegefechtsstand hergestellt wurde. Die Zwangsarbeiter wurden von den OT-Leuten nicht gut behandelt.

Dazu sagte Emil Kaufmann: „Wir konnten nicht mit ansehen, daß die Zwangsarbeiter nicht genug zu essen bekamen – die hatten Hunger wie die Wölfe. Oft habe ich von meinem Essen etwas aufgehoben; Pellkartoffeln und einige Kleinigkeiten. Das habe ich denen dann gegeben, wenn sie mit ihrer Arbeit fertig waren; und da war ich nicht der einzige von uns Soldaten, der das getan hat. Offiziell durften wir das nicht, aber die armen Kerle haben sich wie wahnsinnig darüber gefreut."

Unmittelbar nachdem die OT auf dem Stützpunkt erschienen war, wurde gleichzeitig an mehreren Stellen mit Bauarbeiten begonnen. Auch französische Zwangsverpflichtete aus den umliegenden Ortschaften hatten jeden Morgen auf der Baustelle zu erscheinen *(sie wurden aus Sorge vor Spionage hauptsächlich im Randbereich der Baustelle eingesetzt)*.

Das erste Bauprojekt, das auf dem Stützpunkt fertiggestellt wurde, war der von den Soldaten als Offiziersbunker bezeichnete Batteriegefechtsstand nahe des Eingangs. Von Beginn an wurde auf dem Terrain in zwei Schichten gearbeitet – Tag und Nacht. Der Stützpunkt Pointe du Hoc wurde nun zu einem der stärksten in der gesamten Seine-Bucht zwischen Le Havre *(80 Kilometer Luftlinie östlich der Pointe du Hoc)* und Cherbourg *(50 Kilometer Luftlinie nordwestlich)* ausgebaut. Das gesamte Gelände wurde von zwei hintereinander liegenden Reihen Stacheldrahtes eingezäunt und von einem 50 Meter breiten Gürtel aus Minen im Halbkreis zur Landseite gesichert. Der einzige offizielle Zugang zum Stützpunkt *(in der Verlängerung des 560 Meter langen Weges von der parallel zur Küste verlaufenden D 514 bis zum militärischen Gelände an der Pointe du Hoc)* wurde mit zwei großen, stählernen, auf Rollen stehenden *Elementen C (sogenannte „Belgische Tore")* versperrt.

Für den kurzen Moment der Aufnahme dieses Fotos war der Eingang des Stützpunktes „geöffnet" worden. Dazu war eines der beiden eisernen Elemente C zurückgeschoben worden. (Von links: Soldat Hubert Schulte, Soldat Emil Kaufmann, Unteroffizier Günther Etzold, Obergefreiter Josef Saure und Gefreiter Hans Martin .)
Foto: Kollektion E. Kaufmann

Wenn jemand den Stützpunkt betreten oder verlassen wollte, wurde eines dieser schweren Stahlhindernisse etwas vor- oder zurückgeschoben. Zwischen diese beiden Tore, die hauptsächlich als Panzerhindernis dienen sollten, wurde zusätzlich noch ein großer stählerner Haken in den Erdboden betoniert, der das Einfahren von Panzern verhindern sollte.

Der ehemalige Sanitätsbunker heute. Der H 661 diente damals als Quartier für das Sanitätspersonal und wurde erst zu Beginn der Kampfhandlungen als Verwundetensammelstelle genutzt. Für die Errichtung des Bunkers waren 1.200 Kubikmeter Erdaushub notwendig, außerdem 660 Kubikmeter Beton, 29 Tonnen Rund- und 5,9 Tonnen Formstahl. Von diesem Regelbautyp wurden 63 Exemplare erbaut.

Bild oben: Von den beiden Eingängen führte nur einer direkt in den damaligen Laufgraben. Die Treppe links und jene vor dem Eingang wurden erst für die Besucher der historischen Stätte angelegt.

Bild Mitte: Die Gewalt des letzten Bombardements hob die Betonabdeckung des Anbaus von den Wänden, und der darunter befindliche Sanitätsraum wurde samt der darin befindlichen Verwundeten verschüttet.

Bilder unten: Die ebenfalls verschütteten Eingänge des Gefechtstandes und seine in den Kommandoraum eingebrochene Abdeckung.

Fotos: von Keusgen 2005

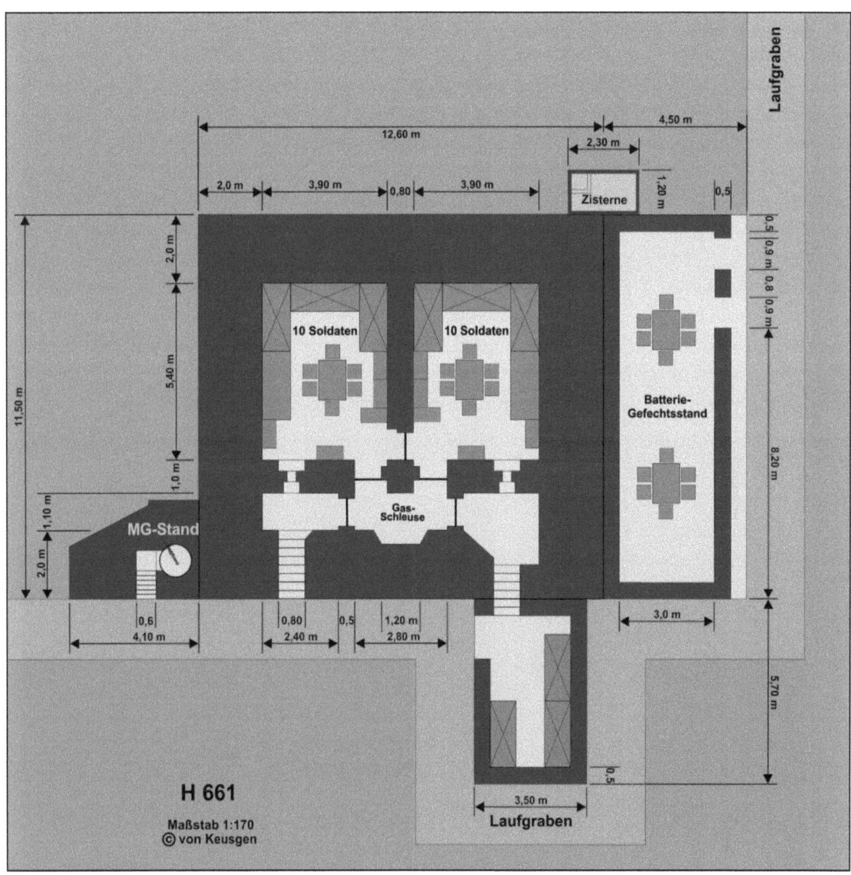

Doppelgruppenunterstand als Verwundetensammelstelle für 20 Soldaten: Regelbau H 661 mit (untypisch) angebautem Gefechtsstand (rechts) und einem weiteren Anbau zur Unterbringung Verwundeter im Bedarfsfall (unten). Ein Eingang des Sanitätsbunkers wurde zum Einbringen der Tragen serienmäßig erweitert. Der Unterstand und der Gefechtsstand wurden von einer Zisterne mit Frischwasser versorgt.

Über diese Barriere urteilte Emil Kaufmann: „Jeder Panzer hätte das Hindernis mühelos überrollen können."

Sicherheitshalber wurden zu beiden Seiten des Eingangsbereichs auch noch Minen verlegt – für die Batterie-Besatzung sichtbar durch einen kleinen Drahtzaun mit einem Warnschild.

Mehrere Arbeitskolonnen arbeiteten gleichzeitig an verschiedenen Bauprojekten. Neben dem Batteriegefechtsstand wuchs bald ein Bunker des Regelbau-Typs H *(= Heeres-Ausführung)* 661 aus dem Boden, der offiziell als *Unterstand für Verwundetensammelstelle* bezeichnet wurde. Da es, entgegen den Vorschriften, auf der mehr als dreißig Meter hohen Steilküste keinen Brunnen gab *(zur Selbstversorgung im Belagerungsfall)*, wurde an der Rückseite dieses Bunkers eine Zisterne aus Beton in den Erdboden gegossen. Sie wurde mit Frischwasser aus dem Brunnen auf dem Guelinel-Anwesen gespeist und hatte ein Volumen von 2,7 Kubikmetern. Von der Zisterne konnten gleichzeitig die Verwundetensammelstelle und der daran angrenzende Batteriegefechtsstand mit Wasser versorgt werden. An den üblichen zweiten Ein- und Ausgang des H 661 wurde ein Vorbau gemauert, der mit seiner knapp zwanzig Quadratmeter großen Grundfläche einen zusätzlichen Raum zur Versorgung Verwundeter bot. Doch statt der für Unterstände üblichen Deckenstärke von 2,5 Metern war die Betondecke dieses Anbaus nur 20 Zentimeter dick...

Als nächste Bauprojekte wurden an der westlichen und östlichen Flanke des Stützpunktes je ein Flak-Stand mit einem darunter befindlichen Gruppenunterstand für das 12 Mann starke Bedienungspersonal und ein zweiräumiges Munitionslager gebaut – entsprechend dem Regelbau-Typen L *(= Luftwaffen-Bauausführung)* 409 A *(A = Baustärke mit 1,5 Meter dicken Betondecken)*. Die Flak-Stände wurden mit je einem 3,7-cm-Schnellfeuergeschütz bestückt, das auch für einen Horizontalbeschuß geeignet war. Das Flak-Personal gehörte ebenfalls zur regulären Batterie-Besatzung. Der westlich gelegene Flak-Stand wurde von Unteroffizier Helmut Neder befehligt, der östliche von Unteroffizier Erwin Thomalla. Beide Flak-Stände waren durch je einen in der Nähe befindlichen MG-Stand gesichert.

Bild oben links: Nur eine einfache Stahltür trennte die beiden als Lager für Flak-Munition dienenden Seitenräume von der Mannschaftsunterkunft.

Bild oben rechts: Der auf der östlichen Seite des Stützpunktes gelegene Bunker für die 3,7-cm-Flak-Stellung mit darunter befindlichem Unterstand für das 10 Soldaten umfassende Bedienungspersonal. Im Jahr 2002 wurde auf ihm eine stählerne, fast umlaufende Aussichtsplattform installiert.

Fotos: von Keusgen 2005

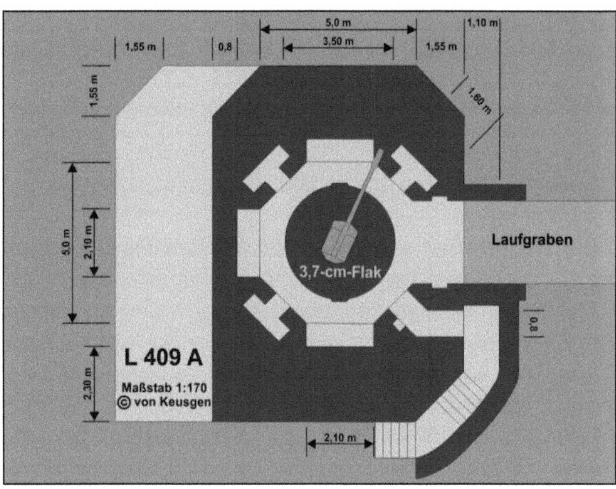

Grundrißplan des Flak-Standes auf dem Gruppenunterstand (ergänzend siehe Plan rechts, Seite 39)

Im Zuge des weiteren Ausbaus entstanden als nächste Projekte sechs große, speziell betonierte Ringstellungen für die 15,5-cm-Langrohrkanonen. Diese einen Meter in der Erde eingebetteten Spezialstellungen hatten einen Durchmesser von 16,30 Metern und im Zentrum einen stählernen Drehtisch für jedes Geschütz. Gegenüberliegend befanden sich zwei

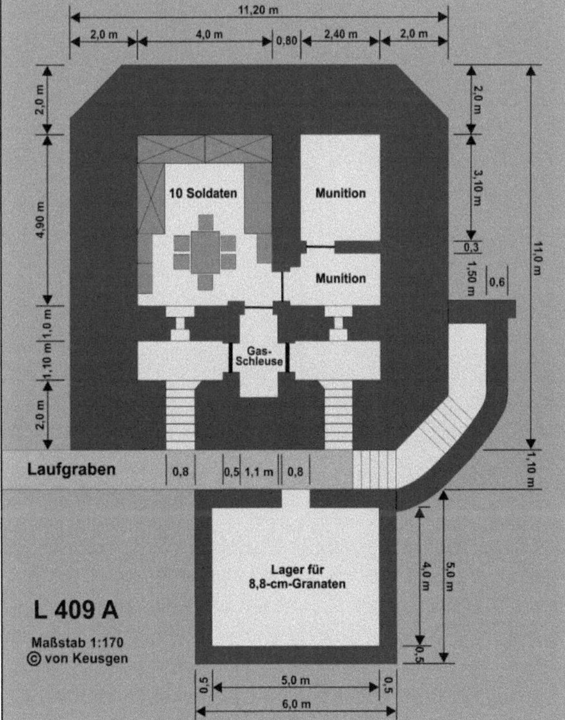

Bild oben links: Im westlichen Bereich des Stützpunktes befindet sich der zweite L 409A mit seiner Flak-Stellung (im Hintergrund rechts einer der beiden seitlichen Ausgänge des Stützpunktes, die in weiterhin auf der Steilküste verlaufende Schützengräben mündeten).

Bild oben rechts: Ein tunnelähnlicher Durchgang, der die von unten heraufführende Treppe mit dem Flak-Stand verband, ermöglichte dem Bedienungspersonal bei Luftangriffen etwas Deckung.

Fotos: von Keusgen 2005

Grundrißplan des unter dem Flak-Stand befindlichen Gruppenunterstandes des Regelbaus L 409 A für zehn Soldaten.

überdachte Nischen für Handgranaten und Infanterie-Munition. An einer Seite jeder Ring-stellung führte ein kurzer Tunnel zu einem größeren, betonierten Schutzraum für das Ge-schütz-Personal. Auch die neuen Ringstellungen wurden wieder mit Tarnnetzen überdeckt.

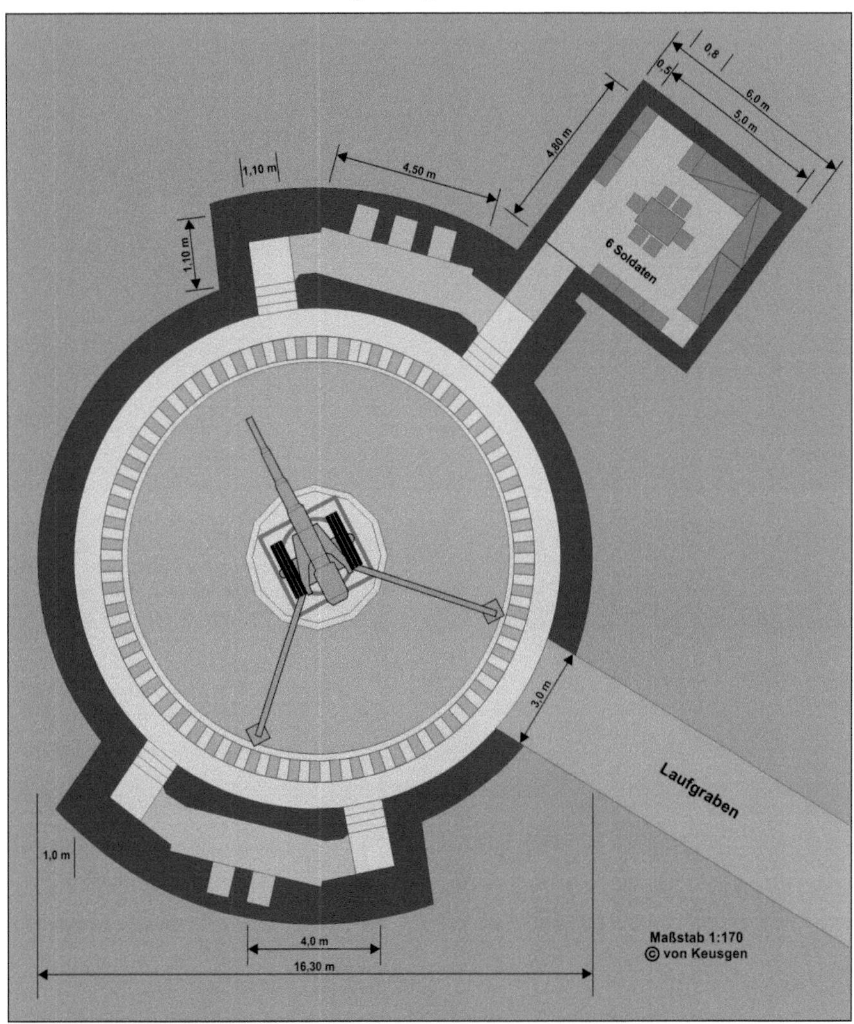

Grundrißplan einer Ringstel-lung, wie sie an der Pointe du Hoc gebaut wurden. Gegen-überliegend befanden sich tunnelähnliche Unterstände und auf einer Seite ein provisori-sches Quartier für die Kano-niere – mit nur 50 Zentimeter Wand- und Deckenstärke.

Am 10. März 1943 traf der Soldat Albin Wienand an der Pointe du Hoc ein. Der 21-jährige Abiturient war am 25. Okto-ber 1922 in Kleinostheim in Hessen geboren und am 9. Sep-tember 1942 zu einer Panzer-Einheit in Erfurt in Thüringen eingezogen worden. Nach einer nur achtwöchigen Grundaus-bildung hatte er in dieser Einheit eine Spezialausbildung als Panzer-Funker erhalten. 1940 war Albin Wienands 21-jähriger

Bruder Fridolin während des Nordfrankreich-Feldzugs an Wundstarrkrampf infolge einer Verwundung bei Rethel in der Champagne verstorben. Da gemäß einer Verfügung sogenannte Erbträger nicht mehr an die Front geschickt wurden, zog man Wienand zu den Landesschützen nach Frankfurt am Main ein, wo er mit 20 Jahren einer der jüngsten unter deutlich älteren Männern war. Aber von dort wurden immer wieder Soldaten zu anderen Einheiten abkommandiert. Auch Albin Wienand war dann von dort aus versetzt worden – zur Kanalküste. Mit dem Zug war er nun über Paris nach Caen in die Normandie gefahren. Von dort aus weiter mit einem Pferdegespann nach Carentan am Fuß der Cotentin-Halbinsel, dann nach Ste.-Mère-Église zu einer Artillerie-Einheit der 709. Infanterie-Division. Kurze Zeit später war Wienand mit noch einigen anderen Kameraden ein weiteres Mal versetzt worden – zur Pointe du Hoc.

Die meisten der deutschen Soldaten hatten noch nie das Meer gesehen, so war der erste Anblick für sie ein besonders eindrucksvoller. Nachdem das Gepäck der Soldaten auf einem der landestypischen zweirädrigen Wagen mit fast schulterhohen Rädern (Charrette) verladen war, fuhren sie, gezogen von

einem der alten Pferde der Batterie, gemächlich in Richtung der Pointe du Hoc. Hinter der kleinen Küstenstadt Grandcamp-les-Bains wandte sich der Kutscher, ein älterer deutscher Bauer, der seit einiger Zeit in der Normandie seinen Militärdienst verrichtete, zu den Soldaten um und sagte: „Wenn wir diese Steigung geschafft haben, dann schaut einmal links hinüber..."

Albin Wienand sah das Meer als Erster. Höchst beeindruckt murmelte er vor sich hin: „Thalassa..., Thalassa..."

Seine Kameraden blickten ihn verwundert an: „Was sagst Du da...?"

Wienand erklärte: „Als die alten Griechen nach einem langen Marsch endlich das Meer sahen, riefen sie *Thalassa* – das Meer...!"

Dann sahen auch die anderen Soldaten zum Meer hinüber. Phantastisch mutete sie der ungewohnte Anblick von der Anhöhe der beginnenden Steilküste an. Albin Wienand war fasziniert: „In der Ferne kräuselten sich leicht die Wellen, die sich dann zum Ende des Horizonts verloren..."

Dennoch war der junge Soldat nachdenklich: „Wir werden von jetzt an ständig das Meer vor unseren Augen haben... Aber ich fragte mich, ob wir eines Tages wohlbehalten zurückkehren können – oder finden wir hier unser Ende...?"

Dann erreichten sie das Terrain an der Pointe du Hoc. Wienand berichtete über seine ersten Eindrücke: „Das Gelände war umgeben von Äckern und Wiesen, am Zufahrtsweg stand links ein großes Gehöft. Es diente als Küche, Kantine und Offiziers-Quartier. Unsere Unterkünfte bestanden zuerst aus Holzbaracken, die zum Teil von anderen Soldaten bewohnt waren. Die Geschütze standen in neuen, betonierten Ringstellungen, aber nach oben hin waren sie völlig ungeschützt – nur mit einem Tarnnetz verhängt..."

Albin Wienand wurde zuerst an einer der alten französischen 15,5-cm-Langrohrkanonen ausgebildet. Dazu sagte er: „In dieser Batterie gab es sechs Kanonen, die in gebührendem Abstand zueinander *(60 Meter)* seewärts ausgerichtet waren. Die Rohre dieser Kanonen hatten eine Länge von 5,70 Meter. Eine Geschützbesatzung bestand aus sechs Mann. Wir mußten die schweren Granaten zu den Geschützen tragen. Eine Granate wog 86 Pfund; das war für die Kanoniere keine angenehme Sache... Die Granaten befanden sich zu dieser Zeit noch in der Nähe einer jeden Stellung in improvisierten Depots. Das waren lediglich mit Balken überdeckte Laufgräben, an den Seitenwänden mit Brettern verschalt. Die Granaten waren unverpackt aufeinandergestapelt. Direkt daneben befanden sich auch die Treibladungen. Zu Übungszwecken schossen wir auf im Meer schwimmende Holz-Pontons."

In den ersten Monaten war Albin Wienand in einer der beiden Baracken nahe des Stützpunkt-Eingangs zusammen mit 25 Soldaten einquartiert. In dieser Unterkunft schliefen in 3-etagigen Holzbetten außer vieler deutscher Kameraden

Albin Wienand – 21-jähriger Abiturient, und als Kanonier zur Pointe du Hoc...

Albins Bruder Fridolin Wienand im Alter von 21 Jahren in Nordfrankreich. Während der "Blitzkrieg"-Phase 1940 verwundet, erlag er der sich als Folge daraus ergebenen Erkrankung an Wundstarrkrampf.

Fotos: Kollektion A. Wienand

auch zwei Österreicher. Wienand sagte über sie: „Sie hießen Heimberger und Knafl und waren zwei tüchtige Maurer. Sie haben auf dem Stützpunkt ordentlich gebaut..."

Die beiden Österreicher, die eigentlich zur offiziellen Batterie-Mannschaft gehörten, wurden fast permanent mit Bauarbeiten beauftragt und mauerten im Laufe der Zeit mehrere zusätzliche bunkerähnliche Unterstände.

Bereits seit Jahrzehnten war das Terrain auf der Pointe du Hoc von etwa eineinhalb Meter hohen und ebenso breiten, mit Sträuchern und Bäumen bewachsenen Erdwällen umgeben, die das Weide- und Ackerland vor der Austrocknung durch den vom Meer herüberwehenden Wind schützen sollten. Da der Stützpunkt jedoch zu einer Igelstellung ausgebaut werden sollte *(für eine Rundumverteidigung)*, mußten die Soldaten diese Wälle abtragen. Die 15,5-cm-Kanonen in den Ringstellungen waren auf Drehtische installiert und konnten somit in jede beliebige Richtung feuern – und brauchten deshalb freies Schußfeld.

Seit einigen Monaten wurde die Pointe du Hoc immer häufiger von Aufklärungsflugzeugen der Alliierten überflogen, die den Stützpunkt und die Ausbauarbeiten aus so großer Höhe fotografierten, daß die beiden Fla-Kanonen sie nicht erreichen konnten. Dazu sagte Emil Kaufmann: „Die feindlichen Flieger sind immer höher geflogen, als unsere Kanonen reichten."

Aber die Aufklärer warfen weder Bomben, noch schossen sie mit Maschinengewehren...

Zu einem ersten Angriff durch einen Jagdbomber auf den Stützpunkt Pointe du Hoc kam es Ende April 1943. Noch bevor mit den handbetriebenen Sirenen Alarm gegeben werden konnte, raste plötzlich aus der Dunkelheit der Nacht ein Jabo im Tiefflug über das Terrain. Wie schnelle Blitzlichter flammten die Mündungsfeuer seiner laut hämmernden Bord-MGs an den Unterkanten der Tragflächen auf. Die jungen Soldaten hatten noch nie einen derartigen Angriff erlebt und verkrochen sich in den Baracken ängstlich unter den Decken in ihren Betten. Nachdem der Jabo-Pilot seine Munition verschossen hatte, drehte er ab und verschwand wieder in der Nacht. Er hatte weder jemanden getroffen, noch irgendeinen Schaden an der militärischen Einrichtung des Stützpunktes angerichtet – nur bewiesen, wie nahe der Krieg und der Tod in Wahrheit waren...

Von der Küche aus, die auf dem Guelinel-Anwesen etabliert war, wurde die gesamte Stützpunkt-Besatzung versorgt. Da es einen nicht unerheblichen Bedarf an Nahrungsmitteln gab, kauften die zur Küchenmannschaft gehörenden Soldaten diese in der näheren Umgebung ein.

Auch dieser befestigte Laufgraben vom vorderen Munitionsunterstand H 134 zur nahen Kasematte wurde von den Österreichern Heimberger und Knafl aus Natursteinen des Guelinel-Anwesens gemauert. Er sollte den Kanonieren mit den schweren 15,5-cm-Granaten einen sicheren Transportweg bieten.
Foto: von Keusgen 2005

Marcel Houyvet mit seinen Eltern vor ihrem Anwesen in Saint-Pierre-du-Mont
Foto: Kollektion M. Houyvet

Marcel Houyvet, der damals noch ein kleiner Junge war, erinnerte sich: „Ich beobachtete öfter, daß die Deutschen mit Wurstketten um ihre Hälse und über ihre Schultern gehängt
durch unseren Ort *(Saint-Pierre-du-Mont)* und zurück zur Pointe du Hoc gingen..."

Er erinnerte sich auch daran, daß es den Franzosen verboten war, Fotoapparate und Ra-
dios zu besitzen.

Gerette Le Normand, die Tochter eines der Eigentümer des Landes an der Pointe du Hoc,
war 1942 17 Jahre alt und ein hübsches Mädchen. Auch auf das Anwesen ihrer Eltern in St.-
Pierre-du-Mont kamen oft deutsche Soldaten, um Milch, Eier, Wurst, Rinder und Schweine
zu kaufen. Außerdem waren auf dem Anwesen zwei Wohnräume requiriert worden, in denen zwei Soldaten wohnten. Einer der beiden Deutschen war ein Offizier, dem Gerette gelegentlich Milch bringen mußte. Sie erzählte: „Der Offizier war ein freundlicher Mann, der
mir Fotos von seiner Familie zeigte. Er hat mich sogar eingeladen, sie in Deutschland zu
besuchen... Die Beziehung zu den Deutschen war nicht schlecht. Nicht selten spielten sie
abends mit den Franzosen gemeinsam Karten oder andere Gesellschaftsspiele. Die deutschen Soldaten benahmen sich immer sehr korrekt. Eines Tages, als ich wieder einmal
durch St.-Pierre-du-Mont ging, wurde ich von zwei Soldaten aufgehalten, die mit mir anbän-
deln wollten. Ich fühlte mich belästigt und sagte ihnen, daß ich diesen Vorfall ihrem Chef
melden würde. Sofort wurde ich in Ruhe gelassen..."

Infolge des in weiten Teilen Frankreichs herrschenden Mangels an Nahrungsmitteln *(auch
in der Normandie gab es Lebensmittelkarten)* verfügte die Familie Le Normand häufig nicht
über ausreichend Zucker. So süßten sie ihre Speisen oft mit selbst gefertigten Bonbons.

„Dennoch", so sagte Gerette Coulmain *(geborene Le Normand)*, „es gab in unserem Haus
immer einige Säcke mit Vorräten für die Deutschen. Aber manchmal ist meine Großmutter
heimlich hingegangen, hat etwas davon genommen und in ihre Schürze geschüttet. Ich glaube jedoch, daß die Deutschen es bemerkt hatten, aber sie haben niemals etwas gesagt."

Gerettes Großmutter betrieb auf dem Anwesen eine kleine Kantine, die gelegentlich von
deutschen Soldaten und Offizieren aufgesucht wurde. Sie kauften dort Butter, Zigaretten
und Spirituosen.

*Luftaufnahme eines Aufklärungsflugzeugs der Alliierten Anfang März 1943 – am späten Nachmittag, als sich
nur noch wenige Soldaten auf dem Terrain an der Pointe du Hoc aufhielten. Rechts das Guelinel-Anwesen
(A), links die Ortschaft St.-Pierre-du-Mont (P). Auf dem großräumigen Stützpunkt waren bereits einige Anlagen fertig: Am Rand auf der Steilküste der östlichen Bucht war ein fast durchgängiger Laufgraben (G) ausgehoben worden und die Erde dahinter noch zu einem Wall aufgehäuft . In der Nähe des Eingangs (E) zum
Stützpunkt hatte die OT den Sanitätsbunker (S) errichtet (noch nicht mit Erdreich zugeschüttet). Von den
sechs Ringstellungen für die 15,5-cm-Kanonen (1-6) waren die Stellungen 2, 4, 5 und 6 fertig. Am Zufahrtsweg von der Küstenstraße zur Pointe du Hoc, nahe dem Guelinel-Anwesen, befanden sich der Lagerplatz (L)
für Baumaterial und die beiden Baracken (B) für die Soldaten. Auf dem Stützpunkt hatte die OT im östlichen
Bereich einen festen Weg (W) für schwer beladene Lastwagen betoniert.* **Foto: US National Archives**

*Bild links: Doppelgruppenunter-
stand H 502 SK – Quartier der
Batterie-Unteroffiziere.*

Foto: von Keusgen 2005

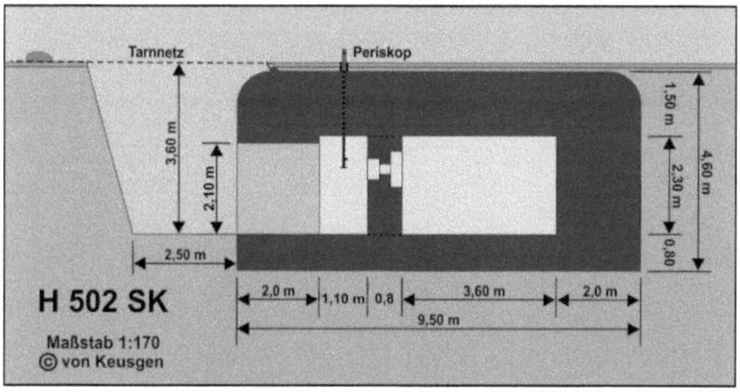

*Querschnittzeichnung und
Grundrißplan des Doppelgrup-
penunterstandes H 502 SK. In
diesem Bunker, der 20 Personen Platz bot, waren 18 Unter-
offiziersdienstgrade einquartiert.
Infolge des akuten Platz-
mangels wurden die meisten
Spinde in die von den beiden
österreichischen Maurern in
der Nähe gebauten Behelfsun-
terstände gestellt. Zwar besaß
der H 502 SK einen speziellen
Beobachtungsraum, doch war
er nicht mit der üblichen Beob-
achtungsglocke ausgestattet,
verfügte aber über ein Sehrohr.
Vom H 502 wurden insgesamt
114 Exemplare errichtet.*

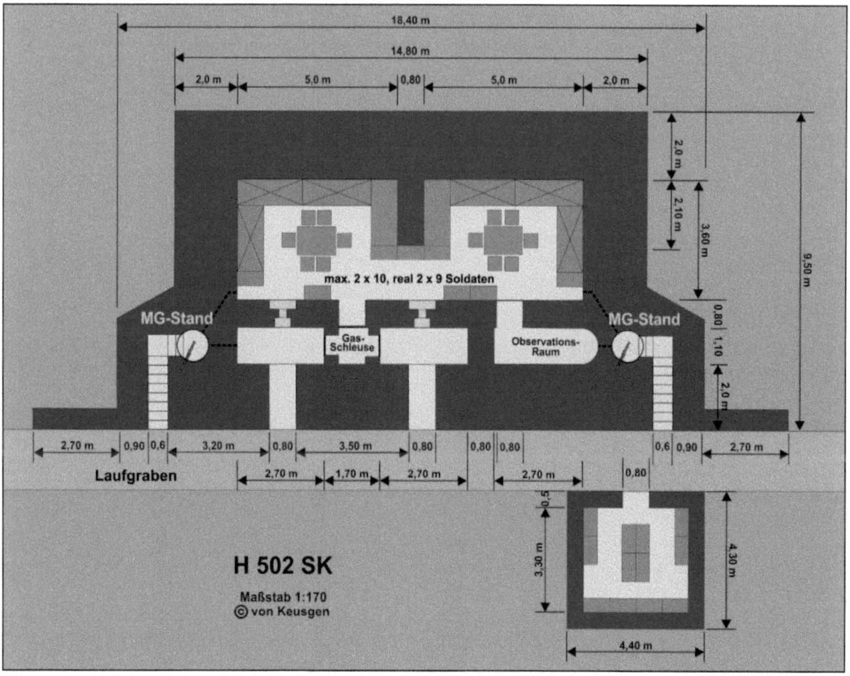

Im Sommer 1943 entstanden einige Bunker, die als sogenannte Gruppenunterstände *(Unterkünfte für das Batterie-Personal)* dienten – unterhalb der Erdoberfläche: Ein Doppelgruppenunterstand des Regelbau-Typs H *(Heer)* 502 SK *(Sonder-Konstruktion)* für 20 Personen *(in dem Unteroffiziers-Dienstgrade einquartiert wurden)*, ein Gruppenunterstand des Typs H 621 für 10 und ein Unterstand H 656 für 15 Soldaten. Außerdem wurde in der Endphase dieser Bauarbeiten ein Gruppenunterstand für weitere 20 Männer errichtet, der weitgehend dem Regelbau-Typ H 622 entspricht, jedoch nur über einen einzigen Eingang verfügt.

Bild oben: Periskope waren in den Bunkerabdeckungen installiert und ausziehbar. Im Hintergrund einer jener Haken, an denen die schmalen und als Klappkojen bezeichneten Betten (maximal drei) an Ketten übereinander hingen. **Foto: von Keusgen**

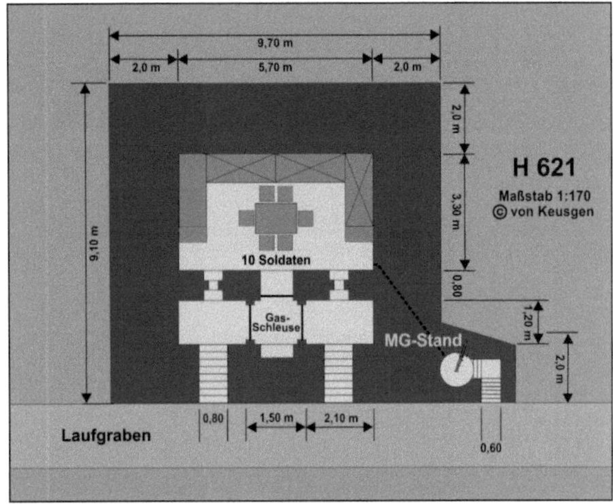

Abbildung oben: Grundriß eines Gruppenunterstandes H 621.

Abbildung unten: Grundriß des Unterstandes H 656.

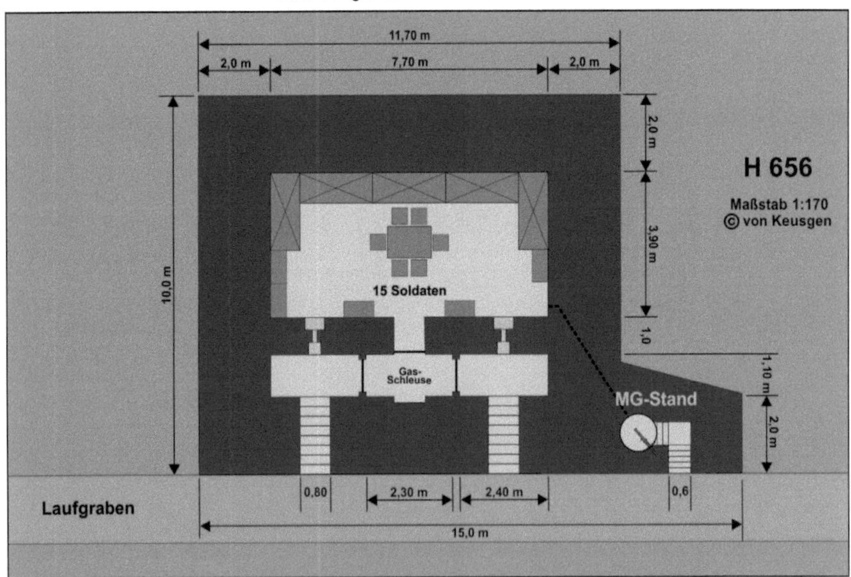

In den relativ kleinen Mannschaftsbunkern herrschte extreme räumliche Enge, auch gab es in ihnen keine Toiletten, dazu wurden auf dem weitläufigen Stützpunktgelände lediglich zwei kleine Holzbaracken, die als Latrinen dienten, errichtet – zwar mit verschließbaren Türen, doch ohne Wasserspülung und nur mit einem einfachen Holzsitz.

Bild links: Der vom Bombardement am 6. Juni 1944 verschüttete Laufgraben vor jenem Doppelgruppenunterstand, der mit nur einem Eingang vom Regelbau-Typ 622 abweicht. Der Graben trennte den Bunker von dem zusätzlich gemauerten Abstellraum, in dem sich auch hier etliche Spinde befanden.

Bild Mitte: Der Abstellraum befand sich direkt dem Eingang des Mannschaftsbunkers gegenüber.
Fotos: von Keusgen 2005

Abbildung unten: Grundrißplan der Doppelgruppenunterstand-Sonderkonstruktion

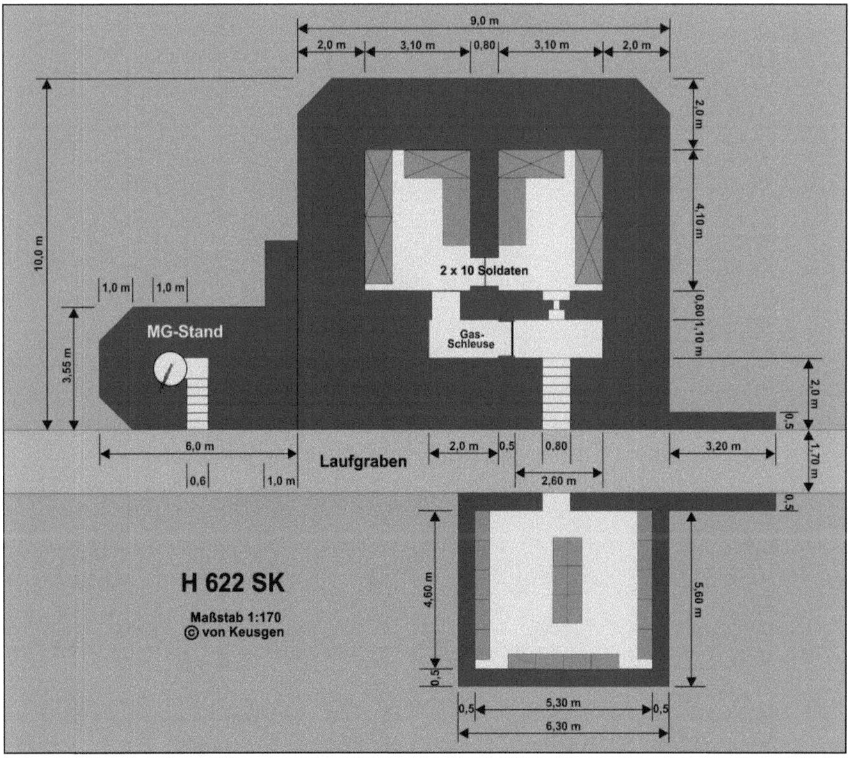

Unmittelbar an den im östlichen Stützpunkt-Bereich gelegenen Flak-Bunker, fast direkt an die Steilküste, wurde ein tunnelähnlicher Unterstand gebaut. Sein Modell entstammte dem alten Westwall-Bauprogramm, und er diente als Quartier für 10 Soldaten. Zu diesem unterirdischen Bunker führte nur ein einziger Eingang, seine Stirnseite wies zum Meer. Nur 95 Meter in westlicher Richtung von diesem Bunker entfernt entstand gleichzeitig ein zweiter – ebenfalls sehr nahe an der steilen Kante des Kliffs. *(Diese beiden Unterstände, die inzwischen durch die ständigen Abbrüche des Küstensaums gefährdet sind, wurden bereits Ende der 70er Jahre sicherheitshalber zugeschüttet.)*

Für die Bauarbeiten wurde von der Organisation Todt eine befestigte Straße angelegt, die vom Eingang des Stützpunktes in direkter Linie zur Spitze der Pointe du Hoc verlief. Von dieser Straße aus führte eine weitere schmale Betonstraßen zum Materialdepot. Auf

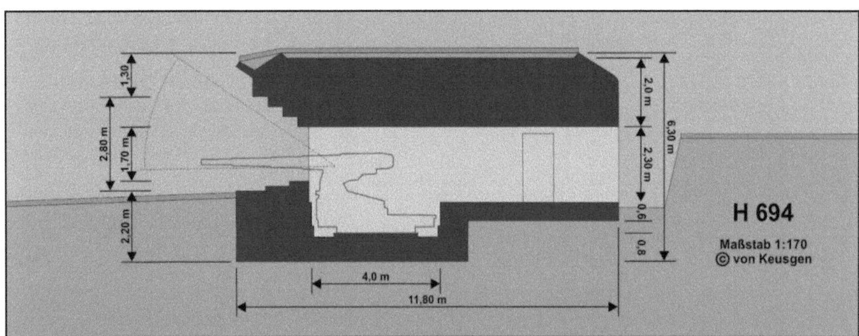

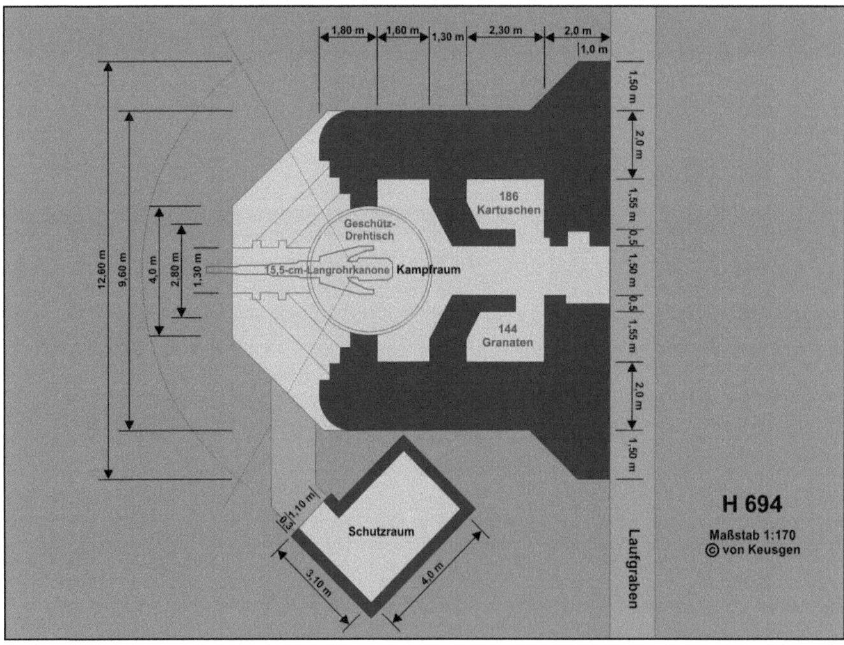

Querschnittzeichnung und Grundrißplan der Kasematte des Regelbau-Typs H 694 für 15,5-cm-Kanonen.

ihr konnten die schwer beladenen Lastwagen problemlos Sand, Kies, Zement, Form- und Rundstahl anliefern. Da wegen der feindlichen Luftaufklärung nur diese beiden auffälligen Straßen angelegt wurden, verlegte die OT vom zentralen Materialdepot aus auf dem Terrain ein ganzes Netz von Feldbahnschienen, um auf ihnen mittels Loren die Baumaterialien zügig in die entsprechenden Baustellenbereiche transportieren zu können. Emil Kaufmann erklärte betreffs der Bauarbeiten: „Die Bunker bauen, das ging ruck-zuck..."

Zuerst mußten tiefe Gruben aus dem steinigen Erdreich ausgehoben werden. Die grobe Arbeit verrichtete der einzige, von einer Pionier-Einheit *(die bei Isigny stationiert war)* zur Verfügung gestellte Bagger, dann arbeitete das OT-Personal mit Spitzhacken und Schaufeln weiter. Auch die Soldaten des Stützpunktes wurden zu diesen schweren Arbeiten eingeteilt. Nachdem an den jeweiligen Bauplätzen die Erde ausgehoben war, ging der eigentliche Bau der Bunker sehr schnell. Zuerst wurde das Fundament gegossen, aus dem bereits die Masse der Moniereisen für den folgenden Aufbau herausragten. Wenn ein fertiges, dichtes Stahlskelett, dem man bereits die Anatomie des späteren Bauwerkes ansehen konnte, rings herum mittels Holzplatten und Brettern verschalt war, wurden an einigen der höchsten Stellen große eiserne Trichter aufgesetzt, durch die dann der zähflüssige Beton hineinfloß. Durch den homogenen Abbindungsprozeß des Betons konnte die Verschalung bereits etwa 48 Stunden nach dem Guß abgenommen werden. Nur einen Monat nach ihrer Fertigstellung waren die Bunker zwar bezugsfähig, doch fand weiterhin ein nicht unerheblicher Austritt von Feuchtigkeit statt. Obwohl auch die Ausdünstungen im Inneren der Bunker für einige Wochen noch stark wahrnehmbar waren, mußten die Mannschaften die neuen Unterkünfte so schnell wie möglich beziehen. Dann erhielten die Außenwände der Bunker einen Schutzanstrich gegen Feuchtigkeit, danach begann man mit dem Anschütten des Erdreichs. Die fast ebenerdigen, flachen Abdachungen der Unterstände wurden mit Grassoden getarnt.

Gleichzeitig zu den anderen Bauarbeiten entstanden die ersten beiden Geschützbunker des Regelbautyps H 694 für die Kanonen Nr. 4 und Nr. 5. Da der Beton erst noch einige Wochen Zeit zum endgültigen Abbinden brauchte, bevor in den Kasematten die schweren Geschütze installiert und eingeschossen werden konnten, außerdem noch die Schußgas-Absauganlage sowie die dazugehörige Elektroanlage noch nicht eingebaut wurden, verblieben die Kanonen vorläufig in ihren offenen Ringstellungen. Doch gerade weil die Kanonen in ihrer exponierten Position nahe der Pointe du Hoc so schnell wie möglich geschützt werden sollten, war eine für den Bunkerbau ungewöhnliche Technik angewandt worden: Die üblichen Holzverschalungen wurden durch Beton-Hohlbausteine von geringer Größe ersetzt und rasch als Außen- und Innenwände aufeinander gemauert, der Hohlraum dieser Steine sowie der mit Moniereisen verstärkte Zwischenraum mit Beton ausgegossen.

Am Freitag, den 19. August 1943, rollten völlig überraschend 18 Autos auf den großen Platz am Eingang des Stützpunktes Pointe du Hoc. Erich Marcks, der General der Artillerie und Chef des 84. Korps *(dessen Hauptquartier sich im 32 Kilometer von der Pointe du Hoc entfernten St. Lô befand)*, führte mit einer Gruppe von Generälen mit ihren Stäben eine nicht angekündigte Inspektion durch. Albin Wienand erzählte darüber: „Jeder Soldat bezog so schnell wie möglich die Position, für die er ausgebildet worden war, und wartete, was nun geschehen würde... Man sah Schnüre, Sterne, Orden und Bänder im Überfluß. Jeder der Generäle inspizierte etwas anderes: Die Unterkünfte, die Tarnung, die Munition und

Bild Mitte: Die Eingänge sämtlicher Unterstände waren grundsätzlich durch ein eisernes, verschließbares Gittertor und eine als Nahverteidigungsanlage bezeichnete Schießscharte für Handfeuerwaffen gesichert.

Bild rechts: Wo die betonierte Straße endet, befand sich die von den OT-Arbeitern als Endstation bezeichnete Verteilerstelle für Baumaterial, von der aus Feldbahnschienen zu den jeweiligen Bauplätzen führten (links ein Hügel aus Kies).

Fotos: von Keusgen 2005

Bild Mitte: Die Montagebucht im Frontfundament der Kasematte Nr.2, die zur Installation der Kanone mittels eines Flaschenzugs geöffnet blieb und erst danach zugemauert wurde.

Bild rechts: Die Scharte des H 694. Die obere Schwelle vor der Montagebucht wurde 1984 von Marius Bazire, dem Pointe-du-Hoc-Gärtner, angegossen, um somit zu vermeiden, daß die Kasematte voll Regenwasser läuft. (Im Hintergrung ein kleiner, unterirdischer Schutzraum für die Kanoniere – siehe unten.)

Bild Mitte: Der tief liegende Geschütz- und Kampfraum, dahinter der Eingang.

Der Schutzraum für das Geschützpersonal.

Fotos: von Keusgen 2005

Munitionsfund auf dem ehemaligen Stützpunkt-Gelände

sämtliche Waffen. Dann wurde ein Schießbefehl für die Kanonen erteilt, aber das Schießen funktionierte nicht; es scheiterte an der telefonischen Kommunikation. Mir taten die Verantwortlichen leid. Das ganze Desaster wurde aber auf die angeblich nicht funktionierenden Zünder der Granaten geschoben... Irgendwann waren die Generäle dann wieder fort..."

Von Großbritannien aus beobachteten die Alliierten sehr genau, wie sich der Ausbau des deutschen Atlantikwalls auf der anderen Seite des Kanals entwickelte. Immer öfter ließen sie ihre Aufklärungsflugzeuge hinüberfliegen und aus großer Höhe Fotos von der Küstenregion aufnehmen. Um die Ausbauarbeiten zu verzögern, wurden auch immer häufiger Jagdbomber über das Meer geschickt.

Eines Tages näherte sich wieder einer dieser kleinen, schnellen Jabos der Pointe du Hoc – eine Thunderbolt, ausgerüstet mit vier Bord-MGs und acht Raketen. Im Tiefflug und dicht über dem Meer hob sich seine Silhouette nicht so deutlich ab, wie gegen den hellen Himmel. Da diese Maschinen auf ihrer Oberseite mit einem dunklen Graublau gestrichen waren *(von unten weiß)*, konnten sie von den Beobachtern, die sich an der normannischen Küste auf ihren Positionen bis zu 60 Meter über dem Meeresspiegel befanden, auf weite Sicht nur sehr schwer erkannt werden. Wenn man sie sah, war es meistens für die Flak-Mannschaften zu spät, die Geschütze noch auf diese kleinen und schnell beweglichen Ziele einzurichten. *(Die beiden 3,7-cm-Fla-Schnellfeuerkanonen des Stützpunktes waren infolge ihrer tiefen Einbettung in ihren betonierten Ständen nicht in der Lage, unterhalb des normalen Horizontal-Niveaus zu schießen – somit nicht auf das Meer hinab.)* Erst kurz vor der Steilküste zog der Jabo-Pilot seine Maschine hoch und überflog in weiterhin geringer Höhe heulend und mit hämmernden MGs das Batterie-Areal. Einen

Fliegeralarm auf dem Stützpunkt Pointe du Hoc. (Links: einer der drei offenen Munitionsbunker, die aus Metallhalbschalen errichtet wurden. Rechts hinten: Jene mit Tarnnetzen verhängte Kasematte Nr. 1 des Regelbau-Typs H 694.) **Foto: Archiv von Keusgen**

Moment später wendete die Maschine und der Pilot, der sich bei seinem ersten Anflug einen kurzen Überblick über die Situation und die Anlagen verschaffen konnte, schoß nun außer mit seinen Maschinengewehren auch noch seine acht Raketen auf klar erfaßte Ziele ab. Eine derartige Attakke bedeutete für die Stützpunkt-Besatzung jedes Mal einen Moment des Infernos. *(Deutsche Soldaten sagten über Jabo-Angriffe immer wieder aus, daß man dagegen fast völlig machtlos gewesen sei.)*

Nachdem der Jagdbomber über das Meer verschwunden war, kamen die Soldaten wieder aus ihren Unterständen hervor. Doch hatten es nicht alle geschafft, so schnell Deckung zu finden, als der Jabo plötzlich aufgetaucht war. Ein Österreicher war von den großkalibrigen MG-Projektilen getroffen worden – er gehörte einer der neuen Gruppen an, die gerade erst ihren Dienst auf dem Stützpunkt begonnen hatte. Albin Wienand hatte den toten Kameraden gesehen: „Er sah schlimm aus; er war völlig zerfetzt worden…"

Bild oben links: Über ins Gestein der Steilküste geschlagene Stufen und die lange Treppe war es den Soldaten möglich, unter das Kliff zu gelangen.

Bild Mitte: Der Gefreite Wolfgang Hils mit dem "organisierten" Ruderboot.

Emil Kaufmann (rechts) mit zwei Kameraden unter dem 30 Meter hohen Kliff – von dem die deutschen Soldaten glaubten, es sei im Angriffsfall für einen Gegner uneinnehmbar… **Fotos: Kollektion E. Kaufmann**

Bild oben rechts: Badefreuden an der Pointe du Hoc – doch nicht alle zum Militärdienst eingezogenen Soldaten der Batterie-Besatzung waren junge Männer... **Foto: Kollektion E. Kaufmann**

Da gerade die Mannschaftsbaracken den Jabos ein gutes Ziel boten, mußten sie nun schnellstens durch unterirdische Unterkünfte nahe der Geschützstellungen ersetzt werden. Ab sofort waren sämtliche Soldaten des Stützpunktes angewiesen, an den Erdarbeiten teilzunehmen. Albin Wienand erzählte dazu: „Es begann nun ein emsiges Buddeln. Mancher der Soldaten klagte abends über Rückenschmerzen oder ließ sich vom Sanitäter die Blasen an den Händen behandeln... Es wurde einfach nur Erde ausgehoben, und die beiden Österreicher Heimberger und Knafl hatten als gelernte Maurer alle Hände voll zu tun, um einfach nur ein paar

Die beiden anderen provisorischen Halbschalen-Munitionsbunker. Im Gegensatz zu dem alleinstehenden Bunker (Bild oben) überstanden diese die schweren Bombardements – halb verschüttet.
Foto: von Keusgen 2005

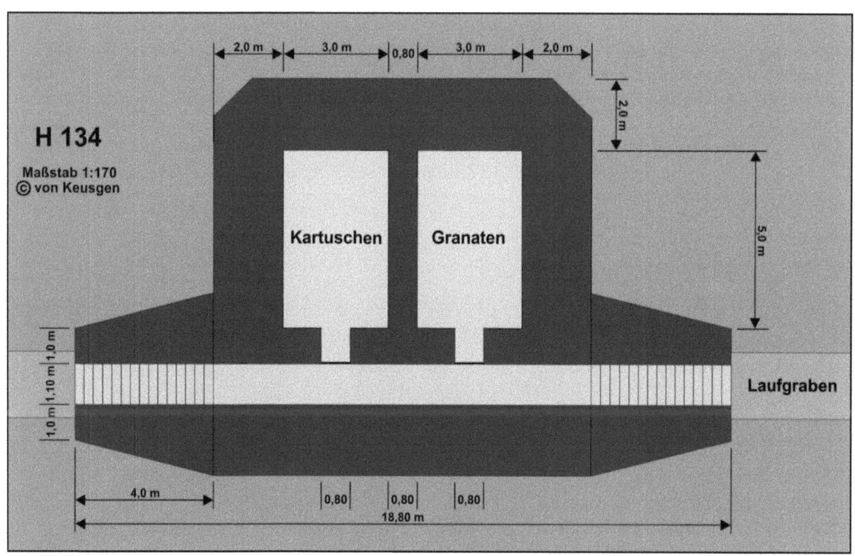

Grundrißplan des Munitionsunterstandes H 134. Von diesem günstig zu fertigenden und aus dem Westwall-Bauprogramm stammenden, am häufigsten gebauten Bunkertypen wurden insgesamt 388 Exemplare gefertigt.

Seitenwände zu errichten. Als Decke diente ein provisorisches Holzgerüst aus Balken und Brettern, darüber zur Tarnung ein grünes Netz und einige Grassoden."

Die Soldaten an der Pointe du Hoc mußten, wie alle Soldaten am Atlantikwall, ständig mit der Gefahr leben. Aber sie ließen es sich auch trotz der Bedrohung durch feindliche Jabos nicht nehmen, bei dem schönen Sommerwetter im Meer zu baden. Um an den Strand unterhalb der dreißig Meter hohen Steilküste gelangen zu können, wurde von einigen Soldaten, die von Beruf Tischler und Zimmermänner waren, eine vierzehn Meter lange,

Durchgangstunnel im Munitionsunterstand H 134. Die beiden zweiflügeligen Panzertüren sicherten die Lagerräume. Foto: von Keusgen 2005

Foto: von Keusgen 2005

Der einzige unzerstörte Munitionsunterstand H 134 (von drei Bunkern) auf dem ehemaligen Stützpunktgelände befindet sich auf der östlichen Seite. In seinen beiden Räumen konnten bis zu 627 Granaten und 4.050 Kartuschen (Treibladungen) des 15,5-cm-Kalibers gelagert werden – oder 1.944.000 Patronen für Maschinengewehre. Für seine Errichtung waren 700 Kubikmeter Erdaushub, 500 Kubikmeter Beton, 20 Tonnen Rund- und 8 Tonnen Formstahl notwendig. **Foto: von Keusgen 2005**

Bild Mitte: Der Bunker der B-Stelle heute
1 = Eingang
2 = Nahverteidigungsanlage
3 = Splitterschutzbecken
4 = Tobruk-Stand
Die Mauern links und rechts wurden erst 1984 errichtet.

Bild links: Noch heute ist der ehemalige Laufgraben zur B-Stelle deutlich zu erkennen.
Fotos: von Keusgen 2005

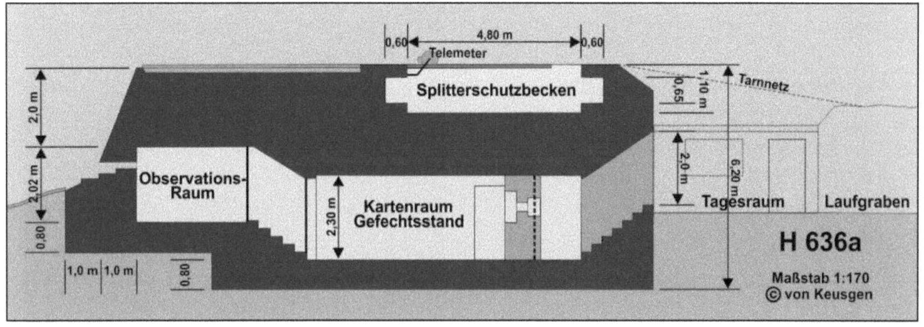

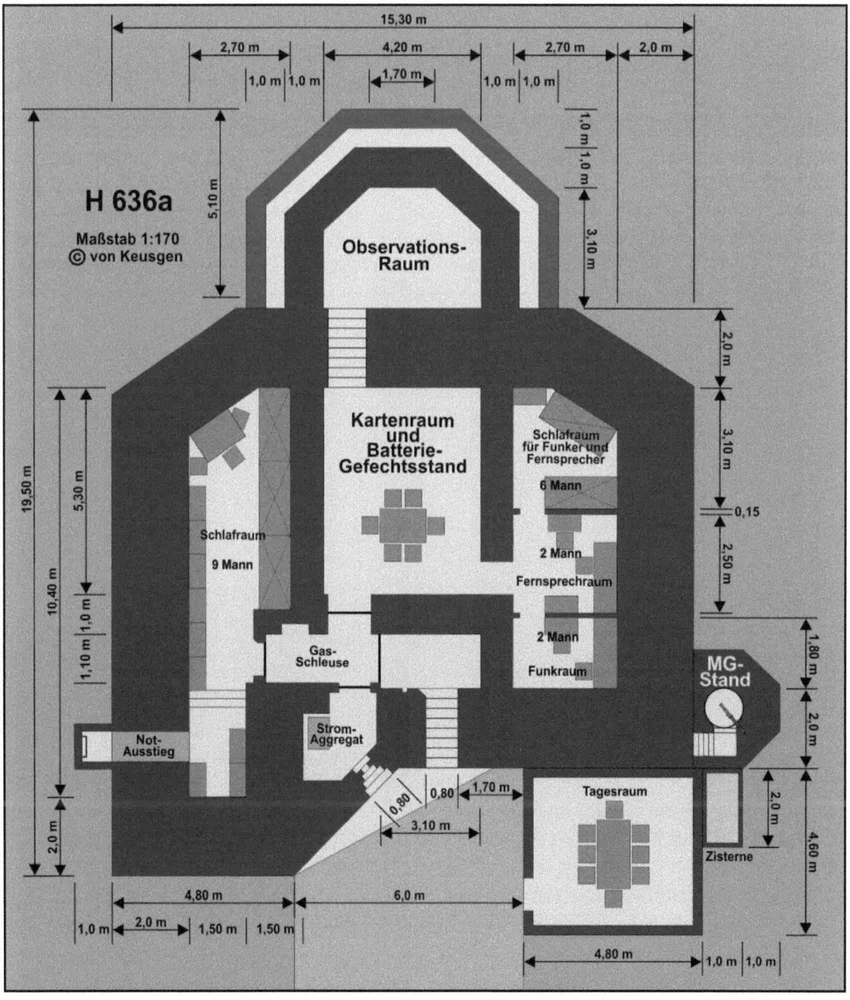

Querschnittzeichnung und Grundrißplan des Bunkers der Artillerie-Beobachtungs- und Feuerleitstelle.

Emil Kaufmann im Graben (links unten hockend) beim Kabellöten – zwei Kameraden sahen ihm dabei zu.
Foto: Kollektion E. Kaufmann

Bild oben: Abweichend vom Regelbau-Typen H 636 wurde die (sonst übliche halbrunde) Beobachtungskanzel der Pointe-du-Hoc-B-Stelle des Typs 636a (Einheitsleitstand für Heer und Marine) in eckiger Bauweise (Schnabelstand) ausgeführt.

Bild unten: Das auf der Abdeckung der B-Stelle befindliche Splitterschutzbecken für das zweieinhalb Meter lange Telemeter (die Halterung ist auf diesem Foto, das, wie jenes oben, nach den Kampfhandlungen entstand, noch montiert). **Fotos: US National Archives**

Der mittels Netzen getarnte Laufgraben, der direkt auf die Nahverteidigungsanlage führte.
Foto: Kollektion E. Kaufmann

zusammenschiebbare Treppe gebaut. Da die breite, sehr stabile Treppe nur bis zur Hälfte des steilen Kliffs reichte, wurde im mittleren Bereich der Wand eine hölzerne Plattform angebracht und von ihr aus schmale Stufen aus dem Kalkgestein bis nach oben geschlagen.

Zu dieser Zeit entdeckten zwei Soldaten der Batteriemannschaft auf einem Teich, nur zweieinhalb Kilometer vom Stützpunkt entfernt, ein kleines Ruderboot. Auch fanden sie für den Transport dieses Bootes ein fahrbares Untergestell mit zwei Fahrradrädern. Damit fuhren sie das Boot an die Pointe du Hoc. Vom Plateau aus ließen es dann 12 Soldaten an langen Seilen auf den schmalen Kiessaum vor dem Kliff hinunter. Doch die Freude der Soldaten an dem Ruderboot hätte sich leicht zu einem schwerwiegenden Problem wenden können, denn gemäß einer entsprechenden Anordnung der Wehrmacht, wurde Diebstahl schwer bestraft...

Die Fischer des 4,6 Kilometer entfernten Grandcamp legten gelegentlich bei Niedrigwasser Hummerkörbe zum Fang dieser kulinarischen Delikatesse aus – auch in der Nähe der Pointe du Hoc. Von kleinen Booten aus ließen sie die Körbe bis auf den Meeresgrund hinab und markierten sie mit einer eher unauffälligen Boje. Eines Tages fuhr der 20-jährige Gefreite Wolfgang Hils aus Kassel in Hessen, mit dem Ruderboot zu einer solchen Boje und zog einen der Körbe aus dem Wasser. Er holte den gefangenen Hummer heraus und brachte ihn mit auf den Stützpunkt. Abends hat sich Hils dann die Delikatesse gekocht und mit Genuß verzehrt. Einige seiner Kameraden saßen dabei und machten abfällige Bemerkungen über das „Dreckszeug", wie sie es nannten...

Im August 1943 wurde mit den Bauarbeiten für drei große Munitionsbunker begonnen. Diese Bunker, offiziell als Munitionsunterstände H 134 bezeichnet, wurden, genau wie die Mannschaftsunterkünfte, in den Erdboden gebaut. Sie hatten an beiden Seiten Ein- und Ausgänge, die sicherheitshalber noch von zusätzlich angebauten dicken Betonmauern geschützt wurden, zu denen teilweise betonierte, tunnelähnliche Gänge führten. Die zwei Räume in jedem Bunker dienten dann als Lager für 15,5-cm-Granaten, Treibladungen oder Infanterie-Munition.

Im Herbst 1943 entstand auf der schmalen Landzunge der Pointe du Hoc ein Bunker des Regelbau-Typs H 636a, der als Beobachtungs- und Feuerleitstelle für die Artillerie genutzt wurde. Nach dem Erdaushub und dem Guß des Fundamentes dauerten die gesamten Bauarbeiten nur drei Tage und drei Nächte. Emil Kaufmann mußte extra eine Stromleitung vom Eingang des Stützpunktes bis zur Baustelle verlegen, um diese nachts beleuchten zu können. Nach der Fertigstellung der B-Stelle wurde in einem ihrer Räume ein Stromaggregat aufgestellt, um den für die Batterie so wichtigen Feuerleitstand vom unsicheren und ohnehin überlasteten französischen Stromnetz unabhängig zu machen. Auch mußte zu ihr ein Laufgraben ausgehoben werden, den die Soldaten dann zusammen mit dem neuen Bunker mit Tarnnetzen großflächig überspannten. Auf der Abdeckung des Beobachtungsbunkers wurde in einem annähernd vier mal fünf Meter großen und etwas mehr als einen Meter tiefen Splitterschutz-Becken ein zweieinhalb Meter langes Telemetriegerät zur Ortung von See-Zielen und der Bestimmung ihrer genauen Koordinaten für die

Einige Meter vor der B-Stelle wurde noch ein kleiner Munitionsbunker in den steinigen Boden der Klippe gebaut, und noch weiter davor befand sich die Position für die 2-cm-Flak (oben links).
Foto: US National Archives

Unteroffizier Benno Müller (Mitte) noch als Soldat des Afrika-Korps.
Foto: Kollektion B. Müller

In der ersten, improvisierten Fernmeldestation, noch unter dem Dach des Guelinel-Anwesens: Emil Kaufmann und Hans Martin, ein Schauspieler aus Brünn (rechts).
Foto: Kollektion E. Kaufmann

Artillerie installiert. Auch diese Position wurde mit Tarnnetzen überspannt.

Nur wenige Meter vor der B-Stelle, etwas tiefer gelegen, entstand gleichzeitig ein kleiner Bunker, in dem Infanterie-Munition und Handgranaten gelagert wurden.

Bereits Mitte Oktober mußte das dafür eingeteilte Personal den Beobachtungsbunker auch als Quartier beziehen. Zu diesem Personal gehörte auch Emil Kaufmann. Über die Wasserversorgung für diesen Bunker *(in dem es keine Toiletten gab)* erklärte er: „Neben der B-Stelle wurde eine spezielle Zisterne betoniert, die meistens dreiviertelvoll war. Sie hatte ein Fassungsvermögen von 5 Kubikmetern. Aber es war kein Trinkwasser, sondern nur zum allgemeinen Gebrauch. Für Trinkwasser gab es auf dem Stützpunkt ein großes Metallfaß mit mehreren Kubikmetern Inhalt, das auf einen Wagen montiert war. Das Trinkwasser kam aus dem Brunnen des ehemaligen Guelinel-Anwesens. Es wurden immer zwei oder drei Kanister davon im Beobachtungsbunker bereitgestellt."

Man hatte dann Emil Kaufmann angewiesen, eine Telefonleitung von der B-Stelle quer über den Stützpunkt bis zum 198 Meter entfernten Gefechtsstand zu verlegen – in einem eigens dafür ausgehobenen, einen Meter tiefen Graben.

Kurze Zeit nachdem Kaufmann das zwei Zentimeter dicke Gummikabel in der Erde verlegt hatte, wurde es während der Baggerarbeiten versehentlich von der Baggerschaufel erfaßt und beim Ausheben des steinigen Erdreichs zerrissen. Der Baggerführer, ein deutscher Arbeiter der Organisation Todt, ging zu Emil Kaufmann und sagte: „Emil, ich hab' versehentlich das Telefonkabel kaputt gemacht. Kannst Du das bitte Deinem Vorgesetzten melden?"

Sofort bekam Emil Kaufmann den Auftrag, das Kabel wieder zusammenzufügen. Kaufmann berichtete: „Ich sprang in das Loch, in dem die beiden Kabelenden lagen, ohne darauf zu achten, daß die mit Erde gefüllte Baggerschaufel noch erhoben darüber stand. In dem Loch stellte ich dann fest, daß die beiden Kabelenden nach dem Abriß nun zu kurz waren, um sich wieder zusammenfügen zu lassen. Kaum war ich aus dem Loch heraus, um ein Stück Kabel für die Verbindung der abgerissenen Enden zu besorgen, da kippte die Baggerschaufel plötzlich herunter und schüttete das Loch wieder zu..."

Emil Kaufmann und Albin Wienand, die aus demselben Teil Deutschlands und nur wenig voneinander entfernten Orten kamen, waren bald befreundet. Inzwischen war Emil Kaufmann in der B-Stelle einquartiert.

Emil Kaufmann war inzwischen zum Unteroffizier befördert worden, nun für den Fernsprechdienst verantwortlich und im Fernmelderaum stationiert. Die Funkstelle wurde von Unteroffizier Siegert geleitet. Ihr unmittelbarer Vorgesetzter war Wachtmeister Oppermann, und Chef über die gesamte B-Stelle Leutnant Wilhelm Rühl.

Als der Batteriechef erfuhr, daß Albin Wienand ausgebildeter Panzer-Funker war, veranlaßte er, daß der Soldat zusammen mit dem 20-jährigen Gefreiten Wolfgang Hils in die B-Stelle versetzt wurde. Dort bildete sie der 33-jährige Oberwachtmeister Rudolf Freund, ein Volksschullehrer aus Jena in Thüringen, als Beobachter aus. Da sie von nun an ausschließlich in der B-Stelle tätig waren, wurden sie dort auch einquartiert. Ein weiterer Beobachter war der 23-jährige und bereits auf der B-Stelle etablierte Gefreite Bruno Holzmeister aus Alzenau bei Aschaffenburg. Außer ihnen verrichteten dort noch die Unteroffiziere Rudolf Karl aus Münzenberg in Hessen und Leutnant Helmut Neder ihren Dienst. *(Helmut Neder, der ehemalige Unteroffizier des westlichen Flak-Standes, war Anfang 1943 als Offiziersanwärter auf die Kriegsschule nach Berlin geschickt und in der Folge zum Leutnant befördert worden.)* Tag und Nacht mußte ein Wachtposten der B-Stelle im Observationsraum mittels eines Scherenfernrohrs das Meer beobachten.

Inzwischen waren noch zwei weitere Soldaten zur B-Stelle versetzt worden – der 21-jährige Unteroffizier Otto Schlosser aus Wien und der 20-jährige Unteroffizier Benno Müller. Am 28. April 1923 in Erlenbach am Main, in Bayern, geboren, wurde Müller im Oktober 1942 nach Emden eingezogen und zum Funker ausgebildet, danach zu Rommels Afrika-Korps verlegt. Nach dem verlorenen Feldzug und der Kapitulation durch Generaloberst von Arnim, am 13. Mai 1943 *(Rommel war Mitte März 1943 von Hitler abberufen worden)*, hatte man auch ihn mit einem der letzten Schiffe abgezogen und direkt in die Normandie gebracht. Dort gehörte er dann zur 369. Funkmeßkompanie, die auf einer 4.100 Meter von der Pointe du Hoc entfernten Radar-Station auf der Landzunge der Pointe et Raz de la Percée stationiert war. Da diese Station wegen der Zielortung auch mit der schweren Batterie auf dem Stützpunkt Pointe du Hoc in Verbindung stand, wurden zu diesem Zweck die Unteroffiziere Müller und Schlosser im Funkraum der B-Stelle etabliert. Über ihre Tätigkeit sagte Benno

Gruppenfoto vor der Pointe du Hoc. Von links: Die Gefreiten Robert Münke und Hubert Schulte sowie die Obergefreiten Emil Kaufmann und Robert Ackermann. Bis zum Frühjahr 1944 bestand der Zaun am Kliff aus einfachem, dicken Draht – ohne Stacheln. **Foto: Kollektion E. Kaufmann**

Die Nachrichtenfibel für den Fernsprech-, Blink- und Signaldienst sowie den Meldehund- und Brieftaubendienst, mit Innenseiten.

Abbildungen: Archiv von Keusgen

Müller: „Unsere Aufgabe bestand darin, ausländische Sender abzuhören. Interessante Nachrichten waren sofort an vorgesetzte Stellen zu melden, sogar bis Paris. Wir waren sogar befugt, jederzeit höhere Offiziere zu alarmieren."

Wegen der immer wieder stattfindenden gefährlichen Jabo-Angriffe ließ der Batteriechef zwei 2-cm-Zwillings-Schnellfeuerkanonen-Stände links und rechts neben dem Bunker der B-Stelle errichten – sehr nahe der steil abfallenden Klippe. Emil Kaufmann bemerkte dazu: „Das war dumm gemacht, denn wenn in der Nähe Bomben gefallen wären, hätten gleich die ganzen MG-Stellungen mit der vorderen Kante der Steilküste abbrechen und hinunterfallen können…"

Am 22. Oktober 1943 wurde auf dem Stützpunkt der Pointe du Hoc plötzlich wieder Alarm ausgelöst – doch dieses Mal nicht wegen anfliegender Bomber oder Jabos. An diesem Tag tauchten bereits im Morgengrauen in weiter Entfernung und in östlicher Richtung des Stützpunktes drei kleine britische Kriegsschiffe im Dunst auf. Sie waren aufgrund ihrer geringen Größe und der weiten Entfernung nur schwer zu erkennen, doch gelang es dem Feuerleitoffizier in der B-Stelle mittels seines großen Telemeters die Positionen einigermaßen genau zu bestimmen *(im östlichen Bereich des späteren amerikanischen Landeabschnittes „Omaha")*. Diese drei kleinen Kriegsschiffe befanden sich bereits im weit entfernten Feuerbereich der 15,5-cm-Pointe-du-Hoc-Kanonen, außerdem gleichzeitig im Feuerbereich mehrerer anderer Batterien und Geschütze in jenem Abschnitt, vor dem sie kreuzten. So verzichtete Batteriechef Ebeling darauf, einen Feuerbefehl an seine Geschützführer zu erteilen…

An diesem Tag hatte der Unteroffizier Emil Kaufmann Telefondienst. So lief über seine Vermittlungsstelle im Beobachtungsbunker ein Telefonat, dessen Anrufer der Abteilungskommandeur der 832. war. Nachdem die britischen Kriegsschiffe wieder verschwunden waren, rief er Batteriechef Ebeling an. Kaufmann konnte das gesamte Gespräch mithören: „Unser Major rief von seinem Gefechtsstand in einem Schloß nahe Bayeux an. Er war sehr aufgebracht und wütend, machte Ebeling Vorwürfe, weil er nicht auf die Kriegsschiffe geschossen hatte. Darauf antwortete Oberleutnant Ebeling gelassen: *Mit meinen Kanonen kann ich nicht auf Spatzen schießen…* Doch der Major entgegnete: *Egal, Sie hätten schießen müssen!* Dann hat er den Telefonhörer aufgeknallt."

Nur vier Tage darauf, am 26. Oktober, mußte Oberleutnant Frido Ebeling den Stützpunkt Point du Hoc verlassen – der Kommandeur der Heeres-Küsten-Artillerie-Abteilung 832 hatte eine Strafversetzung des bei seinen Leuten so beliebten Batteriechefs an die Ostfront erwirkt. Sein Abschied von der 2./832 wurde von allen Offizieren, Unteroffizieren und Mannschaften sehr bedauert.

„Als er sich verabschiedete", sagte Emil Kaufmann, „kamen mir die Tränen – und da war ich nicht der Einzige..." *(An der Ostfront und als Angehöriger der 12. Batterie des Artillerie-Regiments 389 wurde Frido Ebeling noch infolge einer besonderen Leistung zum Hauptmann befördert und im Oktober in Lettland schwer verwundet. Frido Ebeling verstarb am 22. Mai 1985 im Alter von 70 Jahren in seinem Heimatort.)*

Am 13. Dezember 1943 wurde die Heeres-Küsten-Artillerie-Abteilung 832 zur 1260 umnumeriert. Einige Monate nach ihrer Aufstellung war die Batterie-Besatzung zirka 220 Mann stark *(die Mannschaftsstärke differierte ständig durch Zu- und Abgänge)*. Die ausschließlich deutsche Batterie-Besatzung war überwiegend zwischen 20 und 25 Jahre alt, doch etliche Männer waren auch deutlich älter. *(Ost-Soldaten gab es in dieser Einheit nicht.)* Da jedoch die deutschen Truppenverluste an der Ostfront im Lauf der Zeit immer stärker zunahmen und deshalb auch von der HKAA 1260 Mannschaften abgezogen wurden, um nach Rußland geschickt zu werden, schrumpfte ihre verbliebene Stärke auf nur noch etwa 120 Mann. Zu den abgezogenen Soldaten gehörte auch der 23-jährige Unteroffizier Günther Etzold aus Walpernhain Kreis Stadtroda in Thüringen. Er wurde an der Ostfront der 1. Batterie des Artillerie-Regiments 134 zugestellt. *(Am 27. Juni 1944 verstarb er an den Folgen schwerer Verwundungen im Kriegslazarett 3/531 in Marina Gorka.)* Auch der 23-jährige Soldat Hubert Schulte wurde von der 2./1260 abgezogen. Er war 1920 in Ehringhausen bei Lippstadt in Westfalen geboren und am 16. Februar 1941 der 2./832 zugestellt worden. *(Im April 1945 gab es von ihm noch eine letzte schriftliche Nachricht an seine Angehörigen aus dem Raum Spremberg in Brandenburg – sein weiteres Schicksal wurde nie geklärt, er blieb für immer vermißt.)*

Die älteren Soldaten wurden mit den zunehmenden Abgängen der jüngeren immer mehr. Dazu sagte Emil Kaufmann: „Gegen Ende 1943 kamen immer ältere Soldaten auf den Stützpunkt – bis 50-jährige... Sie dachten viel an ihre Familien daheim und waren immer sehr bedrückt."

Inzwischen war Albin Wienand zum Gefreiten befördert worden. Zu seiner Verwunderung hatte der Abiturient, der auch die englische und französische Sprache erlernt hatte, die beiden Balken eines Offiziersanwärters auf seine Schulterklappen erhalten...

Das nur 7 x 10 cm kleine und 6 mm schmale Feldgesangbuch für evangelische Soldaten.

Monatlich erscheinendes Unterhaltungsmagazin für Soldaten – 64 Seiten Umfang mit propagandistischen Texten, die von der Realität des Krieges ablenken sollten...

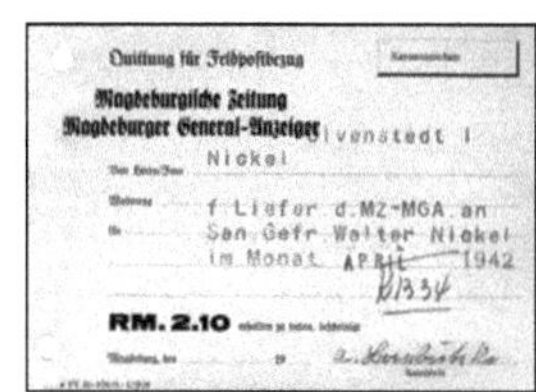

Quittung für den feldpostmäßigen Bezug deutscher Zeitungen.
Abbildungen: Archiv von Keusgen

Alltag auf dem Stützpunkt

Der Alltag der Stützpunkt-Soldaten verlief eintönig. Die Tage des Herbstes begannen wie alle Tage vorher – nach dem Antreten mit dem von Soldaten unbeliebten Exerzieren. Dann folgte im Schulungsraum theoretischer Unterricht. Danach bekamen die Mannschaften technische Anweisungen an den Geschützen, den Funkgeräten und in anderen Bereichen ihrer zugewiesenen Tätigkeit. Nachmittags mußten die Soldaten weitere Laufgräben ausheben, die Flanken mit Brettern verschalen und Tarnnetze mit dicken, grünen Büscheln darüber spannen. Oder sie mußten sich an den Bauarbeiten der Organisation Todt beteiligen. Die Samstage waren der Generalreinigung der Unterkünfte vorbehalten, und die „Freizeit" an den Sonntagen wurde für die Reinigung und Instandsetzung der Uniformen genutzt. Zeit für Vergnügungen stand ihnen nur wenig zur Verfügung – ebenso wie die Möglichkeit, sich vergnügen zu können. Und zwischen alledem mußten sie noch periodisch ihren Wachdienst verrichten. In den ersten Monaten war es den Soldaten noch erlaubt gewesen, kleine Spaziergänge in der Umgebung des Pointe-du-Hoc-Areals zu unternehmen, doch wurden diese immer mehr eingeschränkt – bis sie gänzlich verboten waren. Dennoch versuchte man, das eintönige Leben der Soldaten durch verschiedene Veranstaltungen aufzulockern. Albin Wienand berichtete darüber: „Da kam der Divisions-Pfarrer und hielt für uns eine Messe, dann erschien eine Blaskapelle und brachte uns ein Ständchen, oder man führte uns in der Kantinenbaracke Filme vor, die gerade in der Heimat liefen. Diese führten uns in eine durchaus unwirkliche Traumwelt – das Erwachen brachte uns dann wieder in die rauhe Wirklichkeit zurück…"

Im November 1943 mußten sich die Gefreiten Hils und Wienand in der Schreibstube melden. Hauptwachtmeister Appel empfing die beiden: „Ihr habt doch Abitur. Wollt Ihr an einem Sonderkursus zum Hochschulstudium im *Petit Palais* in Paris teilnehmen?"

Über ihren dann folgenden 14-tägigen Aufenthalt in Paris berichtete Albin Wienand: „Petit Palais heißt kleiner Palast, aber dieser hatte derartige Ausmaße, daß man sich leicht darin verirren konnte. Ich belegte ein Seminar über altdeutsche Sprache und Literatur. Der Professor gab uns einen umfassenden Überblick über diese Zeit und griff das Nibelungenlied heraus. Nach den Vorlesungen waren die Tage für uns junge Leute aber noch nicht vorbei und unsere Kräfte noch nicht aufgebraucht. Wir einigten uns eines Tages auch auf einen Besuch des bekannten Cabarets *Moulin Rouge*. Dort saßen Franzosen des gehobenen Bürgertums vor ihren opulenten Platten. Da fehlte nichts. Schweinefleisch, Rinderbraten, Hummer und Austern… Auf jedem Tisch eine oder zwei Champagner-Flaschen – und draußen die große Not… Uns Soldaten war eine derartige Schlemmerei vorbehalten; wir hätten auch nicht das nötige Geld dafür gehabt. Wir sahen uns die Darbietungen des Cabarets an. Da warfen junge, nur leicht bekleidete Mädchen ihre dürren Beine im gleichen Takt in die Luft…"

Es war wieder Dezember geworden und Weihnachten stand bevor. Das Wetter entwickelte sich in diesem Jahr selbst für die sonst milde Golfstrom-Region höchst unangenehm. Heftiger Wind peitschte hohe Wellen gegen die Steilküste, weißer Gischt stob senkrecht daran auf und dichte Wolken feinen, kalten Sprays zogen unablässig über das schroffe Kliff und den Stützpunkt. Die Wachtposten suchten schützende Nischen in der Nähe der Unterstände auf, um nicht durchnäßt zu werden. Die kurzen, grauen und regnerischen Tage ließen die Soldaten, deren Freiheit inzwischen ohnehin auf ein Minimum begrenzt war, mißmutig und gereizt werden. Dazu kam die Tatsache, daß ihr Aufenthaltsort inzwischen lückenlos von Stacheldraht und Minen abgeriegelt war. Der einzige schmale Zugang wurde ständig von Doppelposten mit schußbereiten Gewehren gesichert – Tag und Nacht. Dazu schlich gerade in dieser Jahreszeit vielen Soldaten das Heimweh in die Herzen. Gegen ihren Willen waren sie von ihren Familien, ihren Müttern und Vätern, Brüdern und Schwestern, Freundinnen, Bräuten, Frauen und Kindern getrennt und lebten, fast vollständig von der Außenwelt isoliert, in den Unterkünften auf engstem Raum zusammengedrängt, wie in einem Ghetto. Viele traurige Briefe voller Hoffnungen und guter Wünsche wurden in die Heimat geschickt und trafen aus der Heimat ein.

Als die Soldaten drei Tage vor Heiligabend morgens angetreten waren, erschien auch der neue Batteriechef. Der „Spieß" *(Batterie-Feldwebel)*, Hauptwachtmeister Appel, ließ die Truppe stramm stehen. Präzise schlugen die Soldaten die Hacken zusammen. Langsam schritt Oberleutnant Brotkorb die Reihen der Batteriemannschaft ab. Dann befahl er: „Rührt Euch!"

Die Soldaten ruckten den linken Fuß vor und standen entspannt da.

„Gefreiter Wienand!"

„Hier, Herr Oberleutnant!"

Der Batteriechef trat vor den Gefreiten: „Er hat doch Abitur; kann er auch eine Weihnachtsfeier vorbereiten?"

„Jawohl, Herr Oberleutnant!"

Der Gefreite hob die recht Hand.

„Was gibt's, Wienand?"

„Ich bitte um eineinhalb Tage Dienstbefreiung, einige Mark, Ausgang nach Bayeux und den Gefreiten Hils als Helfer."

Der Oberleutnant lächelte: „Du bist nicht gerade bescheiden, aber wir werden einmal achtzehn Stunden auf Euch verzichten können..."

„Danke, Herr Oberleutnant!"

Daraufhin wandte sich der Batteriechef an seinen „Spieß": „Erledigen Sie die Einzelheiten..."

Dann ließen sich die Gefreiten Wienand und Hils bei grauem Himmel, feinem Sprühregen und kaltem Wind von dem Kutscher der Batterie mit einem Charrette zur Marketenderei im 28 Kilometer von der Pointe du Hoc entfernten Bayeux fahren. Dort gab es nützliche und weniger nützliche Dinge in Mengen. Der Batteriefeldwebel hatte den beiden Gefreiten fast fünfhundert Reichsmark mitgegeben, daß sie gut einkaufen konnten. Da in der Normandie keine Tannen gedeihen, hatte die Marketenderei einige aus Deutschland besorgt. Weil Wienand und Hils gemäß ihrer Order ein besonders schönes Fest für ihre Kameraden ausrichten wollten, kauften sie auch einen dieser mehr als mannshohen Bäume und den dazugehörigen Schmuck.

Pünktlich meldeten sich die Gefreiten mit ihren Festtagsgaben und Dekorationsartikeln wieder bei ihrem „Spieß" zurück. Das Geld hatten sie, wie Albin Wienand erzählte, „bis auf eine letzte, symbolische Mark ausgegeben – was der Hauptwachtmeister stirnrunzelnd zur Kenntnis nahm".

Während des Nachmittags vor dem Heiligen Abend blieb die Kantine geschlossen; drinnen wurden die letzten Vorbereitungen getroffen, um den sonst so schmucklosen Raum für die Weihnachtsfeier festlich zu dekorieren und die Tanne auf traditionelle Weise zu schmücken. Darunter legten sie dann all jene Dinge, die an diesem Abend versteigert werden sollten: Zigarettenschachteln, Salamis, Briefpapier und kleine Bücher.

Noch die Kerzen anzünden – letzte Vorbereitungen für die Weihnachtsfeier.
Foto: Kollektion E. Kaufmann

Eine melancholische Weihnachtsfeier hinter mit Pappe und Zeitungspapier verdunkelten Fenstern einer engen Holzbaracke, auf einer kleinen Landzunge irgendwo in Nordfrankreich – und weit entfernt der Heimat.
Foto: Kollektion E. Kaufmann

Um 19:00 Uhr wurden die Offiziere und Mannschaften in den festlich ausgestatteten Raum gelassen – bis auf jene, die trotz des besinnlichen Festes ihren Wachdienst verrichten mußten. An der Stirnseite prangte der glitzernde Weihnachtsbaum in seinem Lichterglanz und der Duft aromatischen Tees erfüllte die ganze Baracke. Jedem Soldaten wurde ein Sitzplatz zugewiesen, vor dem sich auf dem Tisch ein Pappteller mit frischen Plätzchen, einem Stück Christstollen und einigen Riegeln Schokolade befand. Außerdem gab es noch für jeden eine Flasche Rotwein, eine Seifendose mit duftender Seife, Rasierschaum und Rasierklingen, einen Kamm, Briefpapier, einen kleinen Gedichtband und für je drei Mann eine Flasche Sekt – gleichermaßen für Offiziere wie Mannschaften.

Die kleine Feier wurde musikalisch eröffnet. Dazu setzte sich der Gefreite Hils an das Klavier und der Gefreite Wienand begleitete ihn auf seiner Violine. Dann hielt Wienand eine kurze Ansprache: „Was werden unsere Eltern, unsere Mädchen, unsere Frauen und Kinder heute Abend tun? Sie werden doch hoffentlich von den Bomben verschont? Unsere Abwesenheit von den Lieben daheim und unser gezwungenes Dasein hier könnten uns mit unendlicher Traurigkeit erfüllen... Aber, liebe Kameraden, wir sind nicht zum Trübsalblasen geboren; freuen wir uns heute also über die Geburt jenes Kindes, das *Friedensfürst* genannt wird. Ihn wollen wir loben und preisen mit dem alten, innigen Weihnachtslied *Stille Nacht, heilige Nacht ...*"

Wienand und Hils begannen auf ihren Instrumenten zu spielen, und beim Singen wischte sich dann mancher Soldat verstohlen eine Träne aus den Augen. Nachdem der Gefreite Hils noch einige besinnliche Verse vorgetragen hatte, stand Wienand auf und fragte laut: „Wißt Ihr, wem all diese guten Sachen zu verdanken sind?"

Erst ein Moment Schweigen, dann rief jemand: „Dem Weihnachtsmann!"

Gelächter.

Wienand fuhr fort: „Ich will es Euch sagen: Alle Sachen sind eine Spende der Offiziere, Unteroffiziere und unseres Chefs, Oberleutnant Brotkorb."

Heftiger Beifall.

„Allen Spendern ein dreifaches Hipp-hipp-hurra!"

Die Holzwände der Kantine erzitterten. Dann traten die beiden österreichischen Soldaten vor – Heimberger mit einer Zither und Knafl mit einer Gitarre. Es wurde an diesem Abend noch viel musiziert und gesungen und auch viel an die Angehörigen in der Heimat gedacht...

Wehrmacht-Zigarre der Marke Puros mit Bauchbindenaufschrift "Deutsche Wehrmacht, steuerfrei", 8,5 cm lang, 1,5 cm breit – und Offizieren vorbehalten. **Abbildung: Archiv von Keusgen**

Nur zwei Tage später, am 26. Dezember, kehrte die rauhe Wirklichkeit des Krieges, in dem sich alle befanden, noch während des Weihnachtsfestes auf den Stützpunkt Pointe du Hoc zurück: Gegen 4:30 Uhr heulten plötzlich die handbetriebenen Sirenen durch die Dunkelheit. „Alarm! Alarm!"

Von allen Seiten wurde gerufen, doch zu sehen war nichts. Wie sich dann für die Batterie-Mannschaft herausstellte, kreuzten eineinhalb Stunden lang, westlich der Pointe du Hoc, wieder mehrere britische Schnellboote vor der normannischen Küste. Wegen der Dunkelheit und der zu großen Entfernung waren sie für die Kanoniere nicht zu erfassen. Kampfhandlungen waren für die Soldaten auf der Pointe du Hoc in der Ferne nicht festzustellen... Noch einige Stunden hielt die

Ein Reichspfennig, der die Feuerwalze auf dem Plateau an der Pointe du Hoc nicht unbeschadet überstand. **Abbildung: Archiv von Keusgen**

Alarmbereitschaft an. Albin Wienand bemerkte sarkastisch: „Das war das Weihnachtsgeschenk der Tommies an uns..."

Über den Jahresanfang 1944 berichtete Wienand: „Gleich zu Beginn des Januar kamen zwei Soldaten auf die Idee, sich und ihre Kameraden mit etwas hochprozentigem Calvados aufzuwärmen. Sie hatten davon gleich eine ganze Milchkanne voll organisiert. Nun wurden alle Mann damit versorgt – mit dem Ergebnis, daß am nächsten Tag kein einziger Soldat des gesamten Stützpunktes mehr einsatzfähig war... Hätte an diesem Tag die Invasion stattgefunden, wäre es ein Leichtes gewesen, die Pointe du Hoc handstreichartig einzunehmen. Selbst der Batteriechef, Oberleutnant Brotkorb, war infiziert."

Mitte Februar 1944 wurde der Gefreite OA *(Offiziersanwärter)* Albin Wienand in die Schreibstube befohlen. Man teilte ihm dort mit, daß er zum Offizier befördert werden sollte, doch müßte er dazu erst die Kriegsschule besuchen. Aber Wienand sagte, daß er daran überhaupt nicht interessiert sei, ohne diese Entscheidung zu rechtfertigen. Tatsächlich aber lehnte er das NS-Regime kategorisch ab und verachtete den Krieg. Es war erst vier Jahre her, daß sein Bruder Fridolin in Nordfrankreich verstorben war – als Offiziersanwärter. Eindringlich riet man dem Gefreiten, daß er sich das noch einmal gut überlegen sollte – man würde ihn bald wieder fragen.

Drei Tage später wurde Wienand wieder in die Schreibstube bestellt. Wieder lehnte der Gefreite OA den Besuch der Kriegsschule ab. Der Leutnant ermahnte ihn: „Denken Sie auch an Ihre Eltern... Außerdem bin ich gezwungen, Sie nach einer weiteren Verweigerung, zu einem Strafbataillon zu schicken."

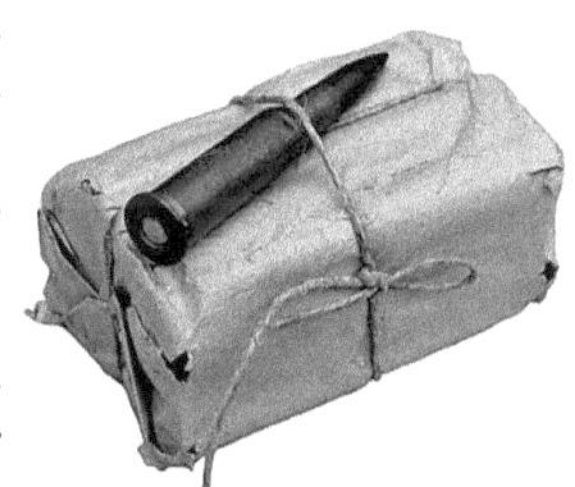

Päckchen mit deutscher Gewehrmunition. **Abbildung: Archiv von Keusgen**

Albin Wienand blieb standhaft. Da man dem sonst in seiner Einheit sehr beliebten Soldaten grundsätzlich positiv gesonnen war, wurde Wienand statt zu einem Strafbataillon zur 1. Batterie der HKAA 1260 nach dem 56 Kilometer in östliche Richtung entfernten Riva Bella an der Orne-Mündung strafversetzt. Am 18. März 1944 mußte er den Pointe-du-Hoc-Stützpunkt verlassen.

Über die Zeit, die Albin Wienand in der B-Stelle verbracht hatte, sagte er abschließend: „In unserem massigen Beobachtungsbunker war der Zusammenhalt zwischen uns ein einzigartiger. Der Unterschied zwischen den einzelnen Dienstgraden war kaum zu bemerken. Bei Wachtmeister Freund liefen die Fäden zusammen. Er gab seine Anweisungen leise, ohne großes Poltern. Man konnte selbst mit persönlichen Problemen zu ihm kommen. Für jeden gab es einen verständnisvollen Rat, ein gutes Wort. Als ich dann den Stützpunkt verlassen mußte, war es ein bewegender Abschied."

Seit einigen Wochen wurden deutsche Stützpunkte am Atlantikwall nun gezielt bombardiert. Immer häufiger kamen immer größere Bomberpulks über den Ärmelkanal geflogen und warfen zunehmend schwerere Lasten auf die noch im Bau befindlichen Anlagen ab. Das erste starke Bombardement auf den Stützpunkt Pointe du Hoc ereignete sich Ostern 1944 – am 15. April. Der Stützpunkt war wegen seiner exponierten Position an der vorgelagerten, markanten Klippe von Flugzeugen aus leicht zu lokalisieren. Emil Kaufmann berichtete darüber: „Alle paar Tage waren sie wieder da. Es wurden einige Bomben abgeworfen, dann flogen sie weiter. Anfangs war es noch nicht ganz so schlimm, aber es gab dennoch ab und zu ein paar Tote…"

Als eine weitere Konsequenz aus diesem Bombenangriff ließ der Batteriechef den Gefechtsstand in den sicheren Beobachtungsbunker verlegen. Inzwischen war der Stützpunkt durch die immer gewaltigeren Bombardierungen stark verwüstet worden. Der Hauptweg und die nur schmale betonierte Straße zur Baustelle einer weiteren Kasematte (Nr.3) waren weitgehend zerstört und viele der militärischen Einrichtungen mußten immer wieder repariert werden.

Als an der Pointe du Hoc zum ersten Mal Bomben fielen, liefen in der Umgebung die Frauen aus den Häusern und waren völlig irritiert. Einige knieten in ihren Gärten nieder, blickten zum Himmel empor und beteten.

Da die beiden 3,7-cm-Fla-Kanonen infolge ihrer zu geringen Reichweite keinen ausreichenden Schutz gegen Bomberangriffe boten, wurde wenige Tage später eine 8,8-cm-Flak auf dem Stützpunkt aufgestellt – im äußersten westlichen Bereich, nahe des dortigen FlakStandes. Für den gummibereiften Anhänger, auf den die 8,8-cm-Kanone fest montiert war, hatten die Soldaten ein spezielles Deckungsloch ausgehoben, mit einer schrägen, einer Rampe ähnlichen Einfahrt.

Bereits im Herbst 1942 hatten die Soldaten der damals noch als 2./832 bezeichneten Batterie auf dem Stützpunkt und in der Nähe des Eingangsbereichs eine kleine Sauna gebaut. Der Raum war zur Hälfte in die Erde gegraben, der obere Teil mit stabilen Wellblechhalbschalen überdeckt. Darauf wurde eine fast einen Meter dicke Schicht Erde gehäuft. Der Innenraum vier Meter lang, zwei Meter breit und bot bis zu sechs Männern Platz. Ein kleiner, gußeiserner Kanonenofen sorgte für die nötige Wärme. Die Sauna war für das Stützpunktpersonal eine durchaus angenehme Bereicherung, die von den Soldaten oft genutzt wurde.

Der 25. April 1944 verlief wie jeder andere Tag vorher, der Himmel war bezogen und die Soldaten verrichteten wie gewöhnlich ihren Dienst, dennoch sagte Emil Kaufmann über ihn: „Das war ein Tag, den ich nie vergessen werde…"

Als sich der Dienstag zum Abend neigte, hatten sich vier Batterieangehörige in der Kantinebaracke neben dem Bauernhaus eingefunden – auch der im Januar dieses Jahres zum Unteroffizier beförderte Emil Kaufmann und der 24-jährige Obergefreite und Geschützführer Otto Keller aus Großkamsdorf bei Erfurt in Thüringen. Er sprach seinen Kameraden an: „Du, Emil, laß uns doch jetzt noch mal eine Schwitzkur machen…"

Kaufmann antwortete: „Die Zeit ist zu kurz, wir müssen bald essen…"

Otto Keller gab nicht nach: „Na los, geh'n wir doch noch mal hin…"

Emil Kaufmann willigte zögernd ein: „Aber lange können wir nicht mehr schwitzen…"

Als die beiden kurze Zeit später die kleine Sauna betraten, war der warme Dunst so stark, daß sie den 23-jährigen Leutnant Wilhelm Rühl, der hinter dem Ofen saß, nicht sehen konnten. Der junge Offizier aus der Nähe von Gießen in Hessen hatte die kleine Sauna schon einige Zeit vor den Soldaten betreten. Als Kaufmann und Keller dann unbekleidet nebeneinander saßen, sagte der Obergefreite: „Stell Dir vor, Emil, jetzt käme der Amerikaner…"

Da erklang Leutnant Rühls Stimme aus dem Dunst: „Keller, Mann, malen Sie den Teufel nicht an die Wand…"

Um 17:55 Uhr betraten Emil Kaufmann und Otto Keller wieder die Kantine. Kaufmann berichtete: „Als wir eintraten, waren nur wenige Leute da. Aus Anstand warteten wir noch etwas, bis die anderen auch kamen. Plötzlich hörten wir ein lautes Dröhnen, dann ein Rauschen. Es hörte sich an, wie eine Dampflokomotive, die anfährt… Unmittelbar darauf schlugen die ersten schweren Bomben in dem großen Gehöft ein. Wir konnten das Krachen schnell näher kommen hören. Alles hat gezittert und gebebt. Wir rannten zum Ausgang – Otto Keller vorweg. Aber bis hinaus kamen wir nicht mehr. Wenige Meter vor uns schlug die nächste Bombe direkt in der Baracke ein. Ich sah noch das Feuer und den Staub…"

Eine der sechs Ringstellungen nach den Bombardements. Herabgerissene Tarnnetze, überall Einschläge von Stahlsplittern und starke Verschmutzung…   **Foto: NA / US Air Force**

8,8-cm-Flugabwehrkanone auf einem Sonderanhänger des Modells 201, von dem aus sie auch schießen konnte.

Offizielle Bezeichnung:
8,8 cm Flak 41
Kaliber: 88 mm x 855 mm
Länge der Waffe: 654,8 cm
Rohrlänge: 629,3 cm
Länge der Züge: 541,1 cm
Gewicht der Waffe: 2,13 t
Seitenrichtbereich: 360°
Höhenrichtbereich: -3°/+90°
Vo: Sprenggranate 1.000 m/ sec.;
Panzergranate 980 m/ sec.
Gipfelhöhe: 14,7 km
Geschoßgewicht: Sprenggranate 9,4 kg; Panzergranate 10 kg
Feuerfolge: bis zu 22 S./min.

Die 8,8 cm Flak 41 war die stärkste Ausführung dieses Kalibers, kam aber erst 1943 zum Einsatz.

Foto: BWB-Wehrtechnische Studiensammlung Historisches Archiv Fa. Rheinmetall

Die Wucht der Explosion schleuderte die Soldaten einschließlich des gesamten Inventars durch den Raum. Kaufmann, der sofort das Bewußtsein verlor, wurde von fünf Stahlsplittern getroffen – drei verwunde ten sein linkes Bein, einer traf sein Kinn, ein anderer, so groß wie eine Fingerkuppe, bohrte sich in die linke Schulter des Unteroffiziers *(den Emil Kaufmann für den Rest seines Lebens darin behielt)*. Otto Keller wurde von einem sehr viel größeren Bombensplitter direkt in den Mund getroffen. Außerdem war er gegen die Rückwand der Baracke geschleudert worden und hatte dabei einen Schädelbruch erlitten. *(Am nächsten Tag erlag Keller seinen schweren Verletzungen und wurde später auf dem deutschen Soldatenfriedhof La Cambe beigesetzt.)* Auch der 43-jährige Kanonier Adam Herzberg aus Hoheneiche in Thüringen wurde ein Opfer dieses Bombenangriffs *(ebenfalls auf dem Soldatenfriedhof La Cambe bestattet)*. Emil Kaufmann wurde zur Erstversorgung in den Sanitätsunterstand getragen, dann zu einem Lazarett im Hinterland transportiert. *(Erst*

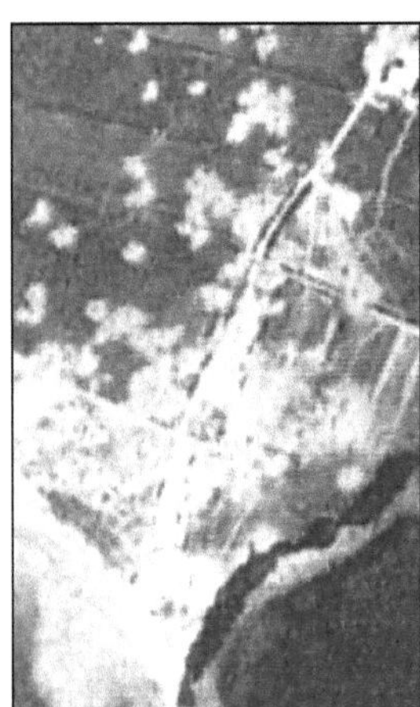

Luftaufnahme des bereits nach den ersten Bombenangriffen stark verwüsteten Pointe-du-Hoc-Stützpunktes (unten links im Bild das ebenfalls von mehreren Bomben getroffene Guelinel-Anwesen).

Foto: NA / US Air Force

Unteroffizier Emil Kaufmann vor der kleinen, halb unterirdischen Sauna, die sich fast genau im Zentrum des Stützpunkts befand.

Foto: Kollektion E. Kaufmann

nach acht Tagen und im inzwischen dritten Lazarett erwachte Kaufmann wieder aus seinem Koma.)

Der Bomberpulk der Alliierten hatte sich aus südlicher Richtung, von Land her, genähert und war in drei Wellen über den Stützpunkt geflogen. Die Bomben der ersten Welle trafen das Guelinel-Anwesen und vernichteten die Gebäude und die daran angebaute Kantinen-Baracke weitgehend. Die zweite und dritte Welle bombardierte die militärischen Anlagen auf der Pointe du Hoc schwer. Dabei wurden *(nach Aussagen von Benno Müller und Emil Kaufmann, der es später von Kameraden erfahren hatte)* zwei der Ringstellungen total zerrissen und drei der sechs Langrohrkanonen schwer beschädigt – eine davon völlig zerstört. *(Die Heeres-Küsten-Batterie Pointe du Hoc war mit den Marine-Küsten-Batterien Longues und Marcouf die am häufigsten bombardierte Stellung an der gesamten Invasionsküste.)*

Um weitere Schäden an den Kanonen durch Bombenangriffe zu verhindern, wurden die Geschütze bereits in der Nacht vom 25. auf den 26. April aus den Ringstellungen entfernt und mit den vier alten Pferden mühsam in eine 1.300 Meter entfernte Position in einem schmalen Hohlweg am Rand einer kleinen Apfelplantage transportiert. Dort wurden sie unter Bäumen aufgestellt und in den nächsten Tagen wieder feuerbereit gemacht. *(Emil Kaufmann und Albin Wienand sagten aus, daß sie später Kameraden getroffen hatten, die berichteten, daß die beiden beschädigten Kanonen nicht mehr zu reparieren gewesen waren. Dieses wurde auch von Benno Müller bestätigt. Doch sie verblieben vorerst ebenfalls in dieser Stellung im Hohlweg.)* Um die fünf Geschütze gegen Feindeinsicht aus der Luft einigermaßen unsichtbar zu machen, wurden sie mit breiten Tarnnetzen verdeckt, die man zwischen den Bäumen aufhängte. Auch die Geschützbesatzungen mußten von nun an dort ihren Dienst verrichten. Da zu erwarten war, daß der Stützpunkt auch weiterhin von Aufklärungsflugzeugen beobachtet wurde, ließ der Batteriechef sofort auffällige Geschützattrappen aus Telegraphenmaste in den noch einigermaßen intakten Ringstellungen errichten.

Durch die Bombardements war inzwischen auch das große Guelinel-Anwesen derart zerstört worden, daß der Batteriechef es von seinen Soldaten endgültig abreißen und einebnen ließ, um den Bomberpiloten dieses aus großer Höhe gut sichtbare Ziel nahe der Batterie zu nehmen. Von diesem Tag an wurde der Stützpunkt auf dem Plateau immer öfter aus der Luft angegriffen.

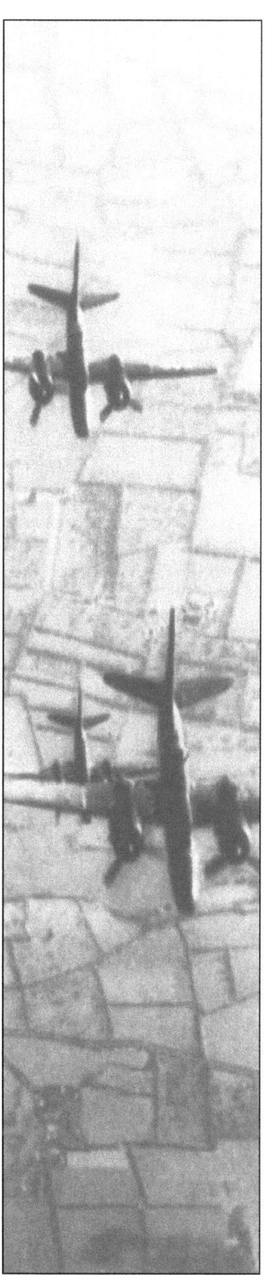

Douglas-A20-"Havoc"-Bomber im Anflug auf die Pointe du Hoc.
Foto: NA / US Air Force

*Von Bomben vernichtend
getroffen: Die Ringstellung Nr.
5 und ihre nach dem Luftangriff
auf dem Rücken liegende Lang-
rohrkanone.*
Fotos: US National Archives

Bereits kurze Zeit nach dem Waffenstillstand zwischen Frankreich und Deutschland, im Jahr 1940, gab es eine Vielzahl von Frauen und Männern, die sich bereit fanden, Widerstand gegen die deutsche Besatzung zu leisten – die *Résistance*. Ein ganzes Netz von Agenten dieser Widerstandsbewegung überzog bald den besetzten Teil Frankreichs. Diesen Agenten war es allerdings nicht möglich, überall dorthin zu gelangen, wo die Deutschen ihre militärischen Anlagen errichteten. So ließen sich einige von ihnen freiwillig als Bauarbeiter für den Bunkerbau anwerben, andere beobachteten von der näheren Umgebung aus die sogenannte *zone interdite (verbotene Zone)* und die Entwicklung der deutschen Stützpunkte. Betreffs der Neuanlagen von Minenfeldern gab es eine äußerst diskrete Möglichkeit herauszufinden, wo sich diese befanden: Bei den zuständigen Finanzämtern beantragten ständig Bauern, daß man ihnen die Grundsteuer für bestimmte Ländereien erlassen sollte, da die Deutschen darauf Minen ausgelegt hatten... Auch die Feuerbereiche der Küstenbatterien ließen sich einfach feststellen: Bevor eine neu eingerichtete Batterie das übliche Probeschießen durchführte, wurden den Fischern mittels Hinweistafeln die entsprechenden Seegebiete zu einer bestimmten Zeit als verbotene Zonen angezeigt. So waren die Alliierten bald anhand ihrer Luftaufnahmen und der Ageninformationen in der Lage, einigermaßen detaillierte Pläne von den Stützpunkten, ihrer Bewaffnung und den Reichweiten ihrer Kanonen anzufertigen.

André Farina war Mitglied der Résistance und einer der besten Männer der *Réseau Centurie*, der regionalen Widerstandsgruppe an der Calvados-Küste. Er beobachtete den nächtlichen Abtransport der 15,5-cm-Geschütze vom Stützpunkt Pointe du Hoc in die mehr als einen Kilometer entfernte und neue Position im Hohlweg. Farina meldete dieses umgehend dem Chef der Widerstandsgruppe, Jean Marion, der daraufhin sofort eine Brieftaube mit dieser wichtigen Information nach London schickte. *(Den deutschen Kommandanturen*

70

in Frankreich war dieses Nachrichtensystem der Résistance bekannt, und man hatte den Franzosen deshalb verboten, Brieftauben zu besitzen. Außerdem wurden an der Küste spezielle Wachtposten mit Schrotgewehren aufgestellt. Es heißt, daß auch Marions Brieftaube von einem deutschen Wachtposten abgeschossen wurde...)

Ende April 1944 wurde auf dem Stützpunkt Pointe du Hoc immer noch gebaut – es waren aber längst nicht mehr so viele Bauarbeiter tätig, nur noch bis zu dreißig Mann. Ein weiterer Geschützbunker für die Kanone Nr. 3 war immer noch im Bau. Das Fundament war bereits gegossen, die Moniereisen eingebracht, die Hohlsteine für die Außenmauern gesetzt, doch seine Fertigstellung hatte sich durch die häufigen Bombardements deutlich verzögert. Auch die beiden bereits seit neun Monaten fertigen Kasematten blieben leer. Infolge zunehmender Luftangriffe wurde das notwendige Material für die Innenanlagen immer knapper. Weder Elektro- noch Belüftungsaggregate waren an der Pointe du Hoc eingetroffen. Zu dieser Zeit wurde der Stützpunkt durch eine Infanterie-Einheit personell noch deutlich verstärkt, und der schmale, von grobem Kies bedeckte Streifen Land, der sich unterhalb der Steilküste am ganzen Kliff entlangzieht, wurde mit Strandhindernissen und Minen verbarrikadiert.

Bild links: Das völlig zerstörte Guelinel-Anwesen wurde innerhalb der nächsten Tage nach dem Bombardement von den Soldaten abgerissen und die Steine für den Ausbau des Stützpunktes verwendet.

Nachdem Generalfeldmarschall Erwin Rommel am 5. November 1943 von Hitler zum Befehlshaber der Heeresgruppe B und somit zum Chef über den nordfranzösischen Teil des Atlantikwalls ernannt worden war, hatte eine seiner ersten Anordnungen darin bestanden, daß er Infanterie-Einheiten, die nicht auf den Stützpunkten an der Küste stationiert waren, sondern etwas weiter im Hinterland lagen, umgehend zu Schanz- und Befestigungsarbeiten an der Küste heranziehen ließ. So hatten sich auch die Soldaten der 1. Radfahr-Kompanie *(1. Schwadron, die auch als Aufklärungsabteilung eingesetzt wurde)* des Divisions-Füsilier-Bataillons 352 an diesen Arbeiten zu beteiligen. Die Schwadron lag bei der kleinen Ortschaft Lingèvres nahe Tilly, 34 Kilometer Luftlinie von der Küste des Grandcamp entfernt. Seit Mitte April 1944 war der 1. Zug der Schwadron damit beauftragt, von der kleinen

Fünf der sechs 15,5-cm-Kanonen waren in einen rückwärtigen Hohlweg gebracht worden – dort jedoch nur drei noch funktionsfähige aufgestellt und nach Nordwesten auf das Seegebiet vor der Cotentin-Halbinsel (den späteren US-Landeabschnitt „Utah") ausgerichtet...

Fotos: US National Archives

An dieser Stelle im Hohlweg
stand damals eines der 15,5-cm-
Geschütze (Vergleich siehe
Seite 71).

Fotos: von Keusgen 2005

Noch heute befindet sich ein
Hügel von etwa 90 Kubikmetern
Kies an der „Endstation" nahe
der Kasematten-Baustelle.

Das Papier ist längst zerfallen,
doch der abgebundene Zement
hat immer noch die Form der
Säcke. Etliche liegen nahe des
Kieshügels.

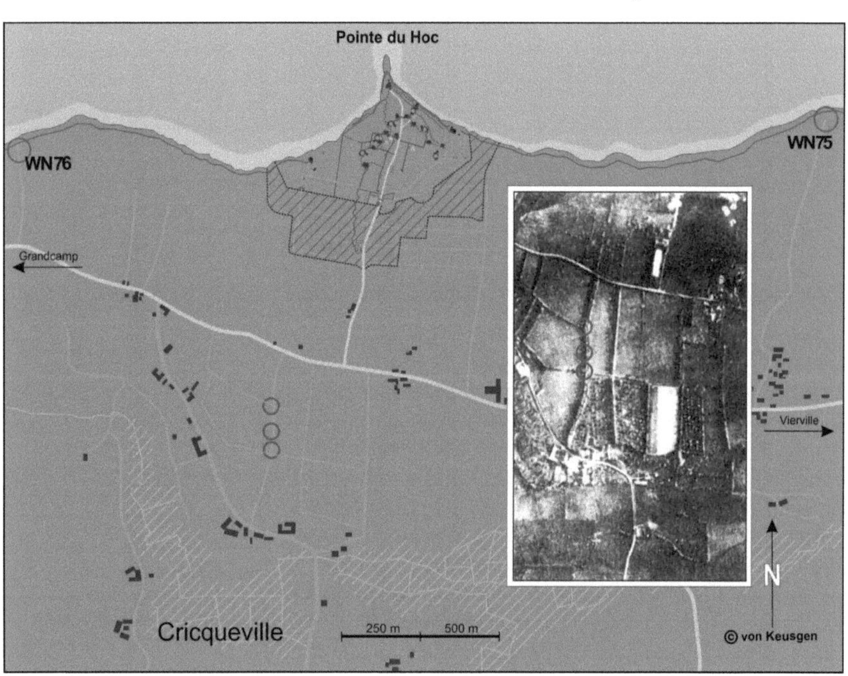

Die neuen Positionen der Pointe-du-Hoc-Kanonen in einem schmalen Hohlweg (die roten Kreise markie-
ren die Positionen der drei noch funktionsfähigen Geschütze, in deren Nähe auch die zwei angeschlage-
nen abgestellt wurden – die zerstörte Kanone blieb auf dem Stützpunkt zurück). **Foto: US National Archives**

"Tschechenigel" wurden als Panzersperre hauptsächlich an den Stränden aufgestellt.
Foto: von Keusgen 2005

Hafenstadt Grandcamp *(nach der die Küste ihren Namen erhielt)* bis zur 4,5 Kilometer entfernten Pointe du Hoc Hindernisse am Strand zu errichten und Minen im nahen Hinterland der Küste zu verlegen. Einer der Soldaten war der 19-jährige Kurt Karl Keller aus Homburg an der Saar. Er erzählte: „Wir hatten seit einigen Wochen auf Rommels Befehl am Strand Minen legen müssen. Das war zwar nicht unser Metier, aber wir wußten, wie so etwas geht. Wir haben auch Holzpfähle gesetzt, auf die wir dann die Tellerminen mit Lederriemen oder Draht befestigten. Auch auf den Wiesen vor Grandcamp haben wir Minen gelegt – Tausende. Erst kamen sie in ein Loch, dann wurde auf jede Mine noch eine Artilleriegranate aufrecht gestellt. Scharf gemacht wurden die Minen dann von den Pionieren."

Rommel, der die Ausbauarbeiten immer wieder inspizierte, flog häufig mit einem kleinen Sportflugzeug an der Küste entlang.

Am 30. April fand für Kellers Schwadron eine nächtliche Übung statt. Auf dem Stützpunkt Pointe du Hoc sollte ein imaginärer Feind gelandet sein, der vom Land aus angegriffen werden mußte. Von der Küstenstraße aus stieß die Schwadron gefechtsmäßig vor – mit Übungsmunition feuernd. Vom Pointe-du-Hoc-Stützpunkt aus wurde zurückgeschossen. Plötzlich schrieen einige der „Angreifer" laut auf – sie waren verwundet. Die Mannschaft der 2./1260, die gerade erst ein paar Tage zuvor schwer bombardiert worden war und überhaupt nichts von diesem nächtlichen Übungsangriff wußte, hatte mit scharfer Munition zurückgeschossen... Über diesen Zwischenfall berichtete Kurt Karl Keller: „Zum Glück gab es nur einige leicht Verwundete unter meinen Kameraden. Unser Angriff wurde sofort gestoppt. Da wir keine Funkgeräte besaßen, mußte dann, wie im Mittelalter, ein Melder mit einem weißen Tuch vorsichtig zum Stützpunkt gehen. Der sollte sagen, daß man nicht mehr weiter auf uns schießen möge, es sei doch alles nur eine formale Übung gewesen. Erst dann haben die da drüben gemerkt, daß eigene Leute gekommen waren..."

Bereits ein paar Tage später war die Schwadron wieder in der Nähe der Pointe du Hoc – um weitere Verteidigungsanlagen am Strand zu errichten und Minen zu legen. Auf den großflächigen Wiesen nahe süd-westlich der Pointe du Hoc wurden auf Rommels Anordnung hin lange Baumstämme fast bis zur Hälfte eingegraben. Die mehr als zwei Meter aus dem Erdboden herausragenden Stämme wurden dann mit starken Seilen untereinander verbunden – sie sollten feindliche Luftlandeunternehmen vereiteln.

Mitte Mai radelte die Schwadron wieder zu den täglichen Arbeiten am Strand zwischen Grandcamp und der Pointe du Hoc. Es wurden weitere Hindernisse errichtet. Die schweren Baumstämme, die auch dort dazu erforderlich waren, mußten mit Pferdegespannen an den Strand gezogen werden. Während ihrer Arbeiten näherten sich die Soldaten immer mehr der Pointe du Hoc. Vom Strand aus konnten sie die Silhouetten der beiden großen Geschützbunker auf dem Plateau gut erkennen.

Eines Tages ergab es sich, daß die Soldaten nach ihrer 8-stündigen Arbeit noch genügend Zeit hatten, mit ihren Fahrrädern auf der Küstenstraße bis zur Pointe du Hoc zu fahren, um sich den dortigen Stützpunkt einmal anzusehen, denn sie kannten keine Stützpunkte und keinen Festungsbau. Kurt Karl Keller schilderte seine Eindrücke: „Wir waren 25 Mann und ein Unteroffizier; der fragte am Eingang einen Wachtposten, ob wir uns einmal alles ansehen könnten. Aber es war überhaupt kein Problem, dort hineinzukommen – ohne Papiere und ohne Parole. Es war alles ganz lasch... Der Eingangsbereich war nur schmal. Links und rechts waren kurze Pfähle in den Boden gerammt, an denen kleine Schilder angebracht waren. Auf ihnen stand *Vorsicht Minen*. Es konnte natürlich auch sein, daß dort überhaupt noch keine Minen lagen, so etwas war nicht ungewöhnlich. Es gab einen befestigten Weg, der führte vom Eingang direkt zur Spitze vorn. Auf dem großen Stützpunkt hat es von Soldaten nur so gewimmelt. Überall lag noch Baumaterial herum. Es gab aber keine

Soldaten der 352. Infanterie-Division während einer Gelände-Übung. Die in der Normandie stationierten deutschen Soldaten dieser Division bestanden nur zu 15 Prozent aus Männern mit Kampferfahrung und setzten sich gleichermaßen aus zu alten und zu jungen, magenkranken sowie einem Drittel aus „hilfswilligen“ Russen, Polen und anderer Ost-Nationalitäten zusammen. Insgesamt waren sie nur wenig qualifiziert.
Foto: Archiv von Keusgen

Kurt Karl Keller als 18-jähriger Soldat (siehe seine im H.E.K.Creativ Verlag erschiene Autobiographie „Vom Omaha Beach bis Sibirien“).
Foto: Kollektion K. K. Keller

Betonrührmaschinen und keine Feldbahn mehr. Auch Bauarbeiter waren keine mehr da. Es schien, als sei die Anlage fertig...

Überall durften wir nicht hingehen, das war nicht erlaubt. Über der Erdoberfläche konnten wir nur die beiden großen Kasematten sehen, sonst nichts. Dann sahen wir uns diese beiden Geschützbunker an, mit ihren Scharten, die so groß wie Scheunentore waren – aber in den Geschützständen befanden sich keine Kanonen, auch die Stahlverblendungen fehlten. Da war nichts. Man konnte nur die dicken Schrauben aus den Sockeln ragen sehen, auf die man die Drehtische für die Kanonen hätte schrauben müssen. Auch gab es nach hinten hinaus keine Türen. Wir durften durch die beiden

Kasematten hindurchgehen. Sie waren nicht mit Tarnnetzen verdeckt. Ich fragte dann einen Stützpunkt-Soldaten, wann denn die Kanonen hinein kämen. Er sagte, sie würden wohl bald kommen, sie seien schon in der Nähe – vielleicht in ein paar Tagen, in der nächsten Nacht oder vielleicht schon in ein paar Stunden...

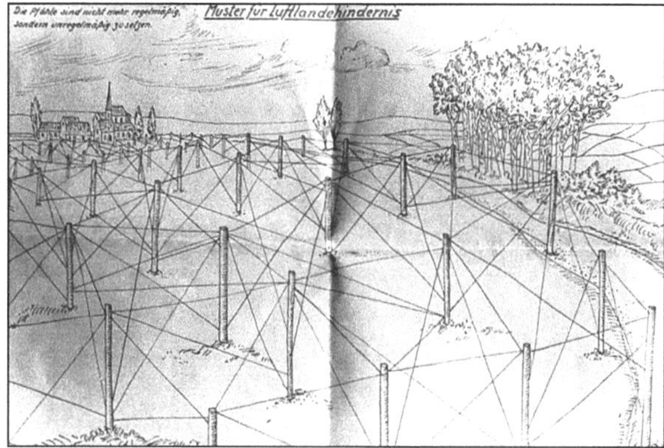

Von Rommel persönlich angefertigte Zeichnung als Anleitung für die Errichtung von Hindernissen, die gegnerische Lunftlandeunternehmen verhindern sollten. Die Soldaten bezeichneten die in den Erdboden gerammten Holzpfähle scherzhaft als „Rommelspargel".
Foto: Kollektion M. Rommel

Östlich und unweit der ersten Kasematte befand sich ein mit Tarnnetzen gut abgedeckter Mannschaftsbunker. Außer der beiden großen Kasematten waren offenbar alle anderen Unterstände mit Tarnnetzen verhängt. Als wir dann nach vorn, zur B-Stelle gingen, haben wir auch Ringstellungen gesehen – auch ohne Kanonen...

Die B-Stelle durften wir betreten. Zu dem Beobachtungsraum ging es ein paar Stufen hinauf. Dort konnten wir durch die breite Scharte auf das Meer sehen. Aber da war ein Offizier, der wollte uns schnell wieder loswerden, der wollte uns nicht überall reingehen lassen... Von der B-Stelle aus konnten wir auf den schmalen Strand aus grobem Kies hinabsehen. Ich erkannte, daß dort unten, auch rechts von der Klippe, Strandhindernisse aufgestellt waren – diese großen eisernen Tschechenigel und Holzpfähle mit Minen.

Wir waren ungefähr eine Dreiviertelstunde auf dem Stützpunkt und haben uns noch mit einigen Soldaten unterhalten, fragten, was sie dort taten, erzählten, was wir so machten... Aber der Besuch war für uns eine Enttäuschung, weil ja nichts Spektakuläres zu sehen war, nur diese Bunker ohne Kanonen und die wenigen Laufgräben... Irgendwie kam mir der Stützpunkt so vor, als hätte dort etwas gefehlt... Aber wir waren der Meinung, daß sowieso niemand an der Steilküste heraufklettern könnte..."

Der Mai des Jahres 1944 war ein sehr warmer Monat mit viel Sonnenschein. Doch die Wärme hatte zur Folge, daß die Grassoden, die man zur Tarnung gegen Beobachter und

Am Eingang zum Stützpunkt Pointe du Hoc.
Foto: Kollektion E. Kaufmann

Nicht selten wurde auch an Orten vor Minen gewarnt, an denen keine verlegt waren.
Foto: Archiv von Keusgen

Maurice Le Devin (1948 als 20-jähriger, in Deutschland stationierter Soldat).
Foto: Kollektion L. Le Devin

Bomber auf die Bunkerabdeckungen gelegt hatte, bald verdorrt waren und gelb wurden. Somit bildeten sie für die Flugzeuge ein klar erkennbares Ziel. Das Gras mußte schnellstens begossen werden, damit es wieder grünte. Für diese Arbeit wurden junge Männer aus den Nachbargemeinden angefordert. Auch der 16-jährige Maurice Le Devin mußte Grassoden begießen. Er hatte bereits seit einigen Monaten mitgeholfen, Hindernisse zu errichten. Franzosen, die nicht zu Arbeiten im Bereich der Stützpunkte eingeteilt waren, durften die militärischen Anlagen sowie den gesamten Küstenbereich nicht betreten.

Am 22. Mai erfolgte der nächste schwere Bombenangriff auf den Stützpunkt an der Pointe du Hoc und die vier Kilometer entfernte Radar-Station an der Pointe et Raz de la Percée.

Vorbereitungen auf den *Tag X* – auf beiden Seiten

Die wiederholten Aufklärungsflüge der Alliierten hatten ergeben, daß die sechs 15,5-cm-Kanonen auf dem ins Meer ragenden Plateau der Pointe du Hoc bisher derart ausgerichtet waren, daß je drei von ihnen ihre Feuerbereiche in jenem Gebiet hatten, die im geplanten amerikanischen Landeabschnitt *Utah Beach (nordwestlich der Pointe du Hoc)* und im US-Landeabschnitt *Omaha Beach (östlich)* lagen. Außerdem konnten sie die wichtigsten Zufahrten zu den kleinen Häfen der Küstenorte Isigny und Grandcamp beschießen. Die weitreichenden Kanonen stellten eine große Bedrohung an der 84 Kilometer langen Invasionsküste dar, besonders für die amerikanische Landeoffensive, und mußten unbedingt neutralisiert werden. Die Einnahme des auf der hohen Steilküste gelegenen Stützpunktes stellte eine besondere Aufgabe dar, für die man eine speziell ausgebildete Elite-Truppe brauchte – Ranger.

Ranger beim Training.
Foto: US National Archives

Die erste amerikanische Ranger-Einheit des Zweiten Weltkriegs war im Juni 1942 in Nordirland unter Leitung des Majors Orlando Darby nach dem Vorbild britischer Kommandos aufgestellt worden. *(Die Bezeichnung „Ranger" hatte ihren historischen Ursprung in der Streitmacht der amerikanischen Kolonialisten, der im 18. Jahrhundert ausgebildeten „His Majesty´s Independent Company of American Rangers". Vom Wortursprung bedeutet "Ranger": Ein Soldat, der sein Kampfgebiet, „Range" beherrscht – ein Nahkampf-Spezialist.)* Von 2.000 Soldaten waren 500 für das 1. Ranger-Bataillon ausgesucht und das Bataillon in sechs Linien-Kompanien aufgeteilt worden: *Able, Baker, Charlie, Dog, Easy* und *Fox;* zusätzlich gab es noch eine Stabs-Kompanie. Eine Linien-Kompanie bestand aus drei Offizieren und einer Mannschaftsstärke von 64 Soldaten, die Stabs-Kompanie aus 80 Männern.

Ende Juni 1942 wurde das 1. Ranger-Bataillon nach Schottland verlegt – zum britischen *Commando Training Center,* um für seine Einsätze ausgebildet zu werden. Während der harten Trainings, bei dem mit scharfer Munition geschossen wurde, gab es etliche Verwundete, sogar einige Todesfälle. Soldaten, die den extrem schweren Anforderungen nicht gewachsen waren, wurden zu ihren alten Einheiten zurückgeschickt.

Die ersten Ranger, die dann im Zweiten Weltkrieg gegen die Deutschen kämpften, waren jene 50 Mann, die sich an der britisch-kanadischen Landeoperation *Jubilee* vor der nordfranzösischen Hafenstadt Dieppe am 19. August 1942 beteiligt hatten... Danach wurden US-Ranger in Algerien und Tunesien erfolgreich eingesetzt. Nachdem der amerikanische General Dwight D. Eisenhower das Oberkommando über die Invasionsstreitkräfte übertragen bekommen hatte,

Oberstleutnant James Earl Rudder, Chef des 2. Ranger-Bataillons – im Alter von 33 Jahren.

wurde das 1. Ranger-Bataillon am 27. März 1943 vom aktiven Kampf zurückgezogen; es wurde geteilt, um drei neue Bataillone zu bilden, für die somit jeweils eine Basis geschaffen werden konnte – das neue 1., das 3. und 4. Bataillon. Einige besonders qualifizierte Ranger wurden in die USA zurückgeschickt, um dort an der Gründung zweier weiterer neu aufgestellter Ranger-Bataillone mitzuwirken – dem 2. und 5. Bataillon. Bei Camp Forrest in Tennessee war bereits am 8. Januar 1943 eine spezielle Ranger-Ausbildungsstätte eingerichtet worden. Da die Ranger im Zuge ihrer harten Ausbildung permanent unter Kampfbedingungen leben sollten, mußten sie in der heißen, trockenen Landschaft in Zelten leben.

Am 30. Juni 1943 wurde Oberstleutnant James Earl Rudder Kommandeur über das 2. Ranger-Bataillon. Der 33-jährige Texaner war ein großer, kräftiger Mann, und erst kurze Zeit bevor er 1941 wieder in den aktiven Armee-Dienst eintrat, zum Football-Trainer seines Heimatortes Brady ernannt worden. Er selbst hatte zwölf Jahre lang für das *Texas A&M Team* gespielt. Rudders erste Worte, die er an seine Soldaten richtete, lauteten: „Männer, ich bin Jim Rudder, Ihr neuer Bataillonskommandeur. Jetzt können Sie mir zeigen, wie man ein Ranger wird..."

Rudder, der schon bald von seinen Soldaten kameradschaftlich *Big Jim* genannt wurde, veränderte sofort einige wesentliche Dinge im Camp. Seine ersten Maßnahmen bestanden darin, daß sein Bataillon aus den Zelten auszog und in solide Holzbaracken einquartiert und besseres Essen an die Soldaten ausgegeben wurde. Der Bataillons-Kommandeur setzte sich sehr für die Belange seiner Truppe ein. Infolge Rudders Engagement meldeten sich viele Männer freiwillig zu den Rangern.

Durch den harten Drill der Soldaten wurde eine äußerst leistungsfähige Truppe ausgebildet. Extreme Marschleistungen gehörten ebenso zur Ausbildung wie der Nahkampf, die Handhabung von Waffen, Schießen, das Überwinden schwerer Hindernisse und die Zerstörung militärischer Anlagen und Waffen. In der folgenden Zeit erlernten sie den Umgang mit Schlauchbooten und kleinen Landungsbooten – den LCAs *(Landing Craft, Assault = Landungsboote für den infanteristischen Angriff)*. Die Ranger wurden von Soldaten ausgebildet, die bereits bei der Planung der Invasion in Nordafrika mitgewirkt hatten, außerdem von Matrosen, die bei den Landungen in Tunesien und Sizilien dabei gewesen waren.

Im November 1943 wurden die Ranger von New York aus mit der *Queen Elizabeth (die zu einem Truppentransporter umgebaut worden war)* nach Schottland gebracht. Anfang Februar 1944 wurden sie auf die Isle of Wight verlegt, um dort ein weiteres Spezial-Training zu

Ranger-Training mit einem DUKW, auf dem eine ausfahrbare Leiter der Londoner Feuerwehr montiert war. An ihrer Spitze befand sich ein Zwillings-Maschinengewehr.
Fotos: US National Archives

Wilhelm Kirchhoff 1943 als 18-jähriger Rekrut.
Foto: Kollektion W. Kirchhoff

absolvieren – das Ersteigen einer Steilküste... Im Mai 1944 trafen das 2. und das 5. Ranger-Bataillon erstmals zusammen – anläßlich einer gemeinsamen Übung. Chef und Einsatzleiter des 5. Ranger-Bataillons war Major Max F. Schneider. Einsatzleiter des 2.Bataillons war Hauptmann Lytle, das Oberkommando über die gesamte Ranger-Aktion wurde Oberstleutnant Rudder übertragen. Jedes Bataillon bestand aus 500 Männern – alles Freiwillige. Dann trainierten die Ranger wieder das Ersteigen einer Steilküste. Ende Mai wurden sie in ein Sammellager bei Dorchester gebracht. Nun hatten sie endlich Zeit, um auszuruhen – jedoch nicht lange...

Am Montag, den 22. Mai 1944, wurde der Stützpunkt an der Pointe du Hoc ein weiteres Mal bombardiert. Bei einigen Gruppenunterständen schlugen zwar Nahtreffer ein, es entstanden jedoch kaum weitere Beschädigungen – das Terrain war nach den vielen Bombardements ohnehin nur noch eine einzige Kraterlandschaft. Das Batterie-Personal hatte keine Verluste zu beklagen. Die noch im Bau befindliche Kasematte war bei diesem Bombardement derart in Mitleidenschaft gezogen worden, daß die Organisation Todt die Arbeiten an ihr vorerst einstellte.

Wilhelm Kirchhoff wurde am 20. Mai 1925 als Landwirtssohn in Badenhausen in Niedersachsen geboren und am 25. August 1943 zum Werfer-Regiment 84 in Celle eingezogen. Im Januar 1944 sollte das Regiment zuerst nach Rußland geschickt werden, doch im März 1944 erfolgte eine Neuaufstellung – es wurde dann in der Normandie und nahe Rouen stationiert. Wilhelm Kirchhoff gehörte nun der 2. Werfer-Batterie an. Chef der Batterie war der 31-jährige Oberleutnant Stockinger aus Österreich. Über seine Einheit berichtete Wilhelm Kirchhoff: „Es ging alles nur sehr förmlich zu. Wir hatten kein gutes Verhältnis zu unseren Vorgesetzten. Wir waren ungefähr einhundertzwanzig Mann. Ich war MG-Schütze. Es lag aber schon bald etwas in der Luft, denn unser Oberleutnant sagte, *wenn wir hier noch lange stationiert sind, bekommen wir noch was ab...*"

Am 23. Mai 1944 wurde der 19-jährige Wilhelm Kirchhoff mit weiteren 12 Kameraden, einem Oberwachtmeister und einem Offizier auf den Stützpunkt Pointe du Hoc verlegt. An diesem Dienstag wurden die mit Maschinengewehren und Karabinern bewaffneten Soldaten und ihr Oberleutnant vormittags mit fünf VW-Kübelwagen auf die schmale Landzunge am Grandcamp gefahren – als weitere Verstärkung.

Kurz nachdem die Soldaten des Werfer-Regiments an der Pointe du Hoc angekommen waren, wollte Wilhelm Kirchhoff mit noch zwei seiner Kameraden am späten Nachmittag etwas unternehmen. Sie kannten sich noch nicht in der für sie neuen Umgebung aus, und die Stützpunkt-Besatzung war ihnen fremd.

Kirchhoff erzählte über sein erstes Erlebnis an der Pointe du Hoc: „Wir überlegten, wo wir hingehen könnten. Uns interessierte eigentlich nur, wo es etwas zu trinken gab; das war das Wichtigste. Dann trafen wir nahe des Stützpunktes einen Franzosen. Mit unserem Französisch war es nichts, aber wir konnten ihm irgendwie verständlich machen, daß wir Spirituosen suchten. Er gab uns zu verstehen, daß wir mit ihm kommen sollten. Ein ganzes Stück weit gingen wir dann bis zum nächsten Ort und zu seinem Haus. Er forderte uns auf, einzutreten. Dann füllte der Franzose unsere Feldflaschen voll Calvados und die Kochgeschirre voll Cidre... Wir haben alles ordentlich bezahlt und sind wieder zum Stützpunkt zurückgegangen." *(Ihren Sold erhielten die in Frankreich stationierten deutschen Soldaten monatlich in französischen Franc ausgezahlt.)*

Über seine ersten Eindrücke auf dem Stützpunkt Pointe du Hoc berichtete Wilhelm Kirchhoff: „Als ich kam, war die Organisation Todt nicht mehr da, und es sah so aus, als sei alles fertig. Aber für uns gab es keine Unterkünfte. So mußten wir Erdlöcher ausheben, sie mit Heu auslegen und mit Balken und einer Zeltplane überdecken und als Quartiere beziehen. Bei Fliegeralarm sollten wir in den Bunkern Schutz suchen. Unser Offizier und der Oberfeldwebel wurden in einem der Unterstände einquartiert. Es gab viele Hecken und Büsche an der Pointe du Hoc, die man zur Tarnung stehengelassen hatte. Da standen auch zwei Kasematten – aber ohne Geschütze. In allen Ringstellungen hatte man aus Telegrafenmaste Kanonen-Attrappen errichtet. Die Stacheldrahtrollen hinter den vorderen Gräben hatten mehrere Meter Durchmesser. Insgesamt waren auf dem Stützpunkt etwa zweihundert Soldaten stationiert. Die Pointe du Hoc wurde immer wieder bombardiert, aber darüber haben wir uns keine Gedanken gemacht..."

(In einem Bericht der französischen Widerstandsbewegung aus dieser Zeit hieß es, daß an der Pointe du Hoc 125 Soldaten der Waffen-SS stationiert waren. Wilhelm Kirchhoff sagte jedoch aus, auf dem Stützpunkt „keinen einzigen SS-Soldaten gesehen" zu haben, „nur Infanteristen". Gerüchte betreffs einer Anwesenheit von SS-Soldaten erklären sich oft aus den Beobachtungen von Soldaten in schwarzen Uniformen. Die Waffen-SS trug aber überwiegend tarngefleckte Kampfanzüge. Dagegen war die Panzertruppe des Heeres und der SS schwarz gekleidet. Die drei in der Normandie stationierten Panzer-Divisionen, die 21., die Panzer-Lehr- und die 12. SS-Panzer-Division, hatten die Möglichkeit, für Gegenangriffe bis zur Küste zu erkunden. Diese Geländeeinsätze fanden aber allgemein in nur kleinen Trupps mit Fahrzeugen statt.)

Als weitere Abwehrmaßnahme hatten inzwischen deutsche Pioniere an den Steilwänden des Kliffs links und rechts der Pointe du Hoc erbeutete französische Großkaliber-Granaten aufgehängt. Ein Kabel, das an dem Zug-Zünder *(ZZ 35)* einer jeden Granate angebracht war, konnte, wenn die Granate bei ihrem Absturz eine bestimmte Tiefe erreicht hatte, die Explosion auslösen. Auch Wilhelm Kirchhoff hatte die schweren 27-cm-Granaten unter dem Rand der Steilküste bemerkt: „Ja, ich habe da solche Dinger hängen sehen..."

Am 28. Mai 1944 schrieb Kirchhoff an seine Eltern *(auszugsweise)*: „...Aber laß' sie nur kommen, mit der Invasion. Wir sind schon da. Der Bombardierungskrieg kann uns nicht erschüttern..."

Als Kirchhoff einmal einen Stützpunkt-Soldaten zum „Stand der Dinge" befragte, bekam er zur Antwort: „Wir sind noch beim Aufbauen..."

An der Pointe du Hoc war Wilhelm Kirchhoff einfacher Soldat. Er sagte dazu: „Ich sollte einmal mit zwei Mann irgendwo hingehen, aber ich hatte meinem Vorgesetzten gesagt, daß wir uns auf dem freien Feld dann bei einem Jabo-Angriff regelrecht auf einem Präsentierteller

Blick von der 2-cm-Flak-Position vor der B-Stelle in westliche Richtung. **Foto: US National Archives**

befinden würden. Da wären wir d'raufgegangen... Wegen dieser Befehlsverweigerung bekam ich drei Tage Arrest – und wurde niemals befördert..."

Wilhelm Kirchhoff und seine Kameraden mußten sich, es war Pfingsten, zunächst drei kleine, halb unterirdische, provisorische Holzbaracken bauen, in denen sie sich dann zu jeweils vier Mann einquartieren sollten. Danach waren sie damit beschäftigt, nur einen Meter vom Rand der Steilküste und in direkter Anbindung an den Laufgraben, Stellungen auszuheben, um darin ihre MG-Stände einzurichten. Kirchhoff erklärte dazu: „Wir saßen in drei Löchern; drei Schützen abwechselnd für je ein Maschinengewehr – Karl Jagla, Hermann Kunze und ich. Unsere drei Fernmelder mit ihren Telefonen hatten sich zwei Löcher gegraben und die beiden Funker saßen zusammen in einem. Der Laufgraben am Rand der Steilküste war nur etwa 1,40 Meter tief – daß man sich noch hinüberbeugen konnte, um nach unten und auf den schmalen Streifen Land schießen zu können. In dieser Zeit haben wir fast jeden Tag geschanzt, nur von einem Tag zum nächsten gelebt und zugesehen, daß wir genug zu essen und zu trinken hatten. Versorgt wurden wir von der Batterieküche. Wir 15 Mann waren ein völlig eigenständiger Verein. Um uns hat sich auch niemand von der regulären Stützpunktbesatzung gekümmert."

Vom Stützpunkt Pointe du Hoc aus verliefen an der Küste nach Osten und nach Westen, fast durchgehend, Laufgräben mit vereinzelten feldmäßigen Unterständen für Wachtposten und offenen MG-Stellungen für Schützen. Doch befanden sich diese Positionen nur in größeren Abständen von jeweils mehreren hundert Metern voneinander entfernt. Für die Unterstände und MG-Stellungen wurden Löcher von einigen Metern Durchmesser ausgehoben und diese mit Baumstämmen rundherum verstärkt und überdacht. Dafür ließen die deutschen Kommandanturen fast sämtliche großen Bäume in der Küstenregion fällen. Diese MG-Nester wurden dann mit Zeltplanen überdeckt und zur Tarnung mit Grassoden belegt. Die Gräben entlang der Küste des Grandcamp mußten hauptsächlich Franzosen ausheben. Die französischen Arbeitstrupps wurden von den Bürgermeistern der jeweiligen Gemeinden täglich neu eingeteilt, damit die Männer nicht jeden Tag diesen Zwangsdienst verrichten mußten und somit ihre regulären Berufe ausüben konnten – meistens in der Landwirtschaft.

In östlicher Richtung befand sich der nächste Stützpunkt, Widerstandsnest 75, in einer Entfernung von 1.050 Metern und in weiteren 3.200 Metern der unnumerierte Stützpunkt Le Guay. Sie lagen fast genauso hoch auf der Steilküste wie der Stützpunkt Pointe du Hoc, bestanden jedoch lediglich aus jeweils einigen feldmäßigen Unterständen, zwei Maschinengewehr- und einer Granatwerfer-Stellung und waren personell nur gering besetzt. Dort war eine Radar-Station mit einer eigenen Verteidigungsposition eingerichtet worden, die telefonisch mit dem Widerstandsnest 74 *(1.050 Meter von Vierville entfernt)* und dem Stützpunkt Pointe du Hoc in Verbindung stand.

Diese wichtige Radar-Überwachungsstation der Kriegsmarine mit dem Decknamen *Imme* hatte die Aufgabe, den Seeraum zu kontrollieren. Sie verfügte über ein Funk-Meß-Ortungsgerät *(FuMO)* des Typs *Seetakt* zur Schiffsortung, außerdem über zwei Anlagen mit Funk-Meßgeräten *(FuMG)* des Typs 65 *Würzburg* und ein FuMG 80 *Freya* zur Flugzeugortung. Der Stützpunkt wurde durch vier 2-cm-Fla-Kanonen und sechs *Tobruk*-MG-Stände verteidigt. Die Station war jedoch bereits durch das schwere Bombardement am 22. Mai 1944 weitgehend eliminiert und außer Betrieb gesetzt worden.

In westlicher Richtung befand sich das nächste Widerstandsnest mit der Nummer 76 in 980 Metern von der Pointe du Hoc. Es lag ebenfalls auf dem genauso hohen Rand der Steilküste. Dort waren lediglich zwei Maschinengewehre in feldmäßigen Stellungen aufgestellt worden. Den wenigen Soldaten dienten nur provisorische, in den Erdboden gegrabene und notdürftig überdeckte Unterstände als Quartier.

Karl Jagla, 1944 MG-Schütze im Werfer-Regiment 84.
Foto: Kollektion B. Jagla

Am 29. Mai 1944 erschienen die Generalfeldmarschälle Gerd von Rundstedt, der Oberbefehlshaber West, und Erwin Rommel, der Oberbefehlshaber über den nordfranzösischen Teil des Atlantikwalls. Sie inspizierten mit ihrem Gefolge die Befestigungsanlagen am Grandcamp. Wilhelm Kirchhoff erzählte über diesen Besuch: „Der lockere Rommel hatte alle Sympathien der Soldaten; Rundstedt mit seiner preußischen, steifen Haltung und dem Marschallstab in der Hand überhaupt keine. Aber auf uns haben die beiden ohnehin nicht viel Eindruck gemacht – sie waren uns egal... Wahrscheinlich waren wir sowieso nur wegen der Inspektion der hohen Herren zur Pointe du Hoc verlegt worden..."

Hans Lücking, Obergefreiter im Grenadier-Regiments 726 der 716. Infanterie-Division, der als Kartenzeichner mit Rommels Stab an der Grandcamp-Küste unterwegs war und sämtliche Stützpunkte und Widerstandsnester von der Cotentin-Halbinsel bis Ouistreham genau kannte *(exakt das spätere Invasionsgebiet)*, berichtete über diese Inspektion: „...Nun kam dieser gewaltige Rommel und inspizierte alles. Da gab es irgendwelche kleinen Leute, die hatten Angst, sich verantworten zu müssen, und man täuschte ihm dann alles Mögliche vor; und zwar hat man da Folgendes gemacht: Keiner wollte sich eine Blöße geben, niemand wollte verantwortlich sein, und es war keine Sabotage, aber man hatte ihm tagtäglich dieselben Einheiten auf einem anderen Stützpunkt wieder vorgeführt, um ihm die Stärke dort vorzutäuschen. Das ist gemacht worden. Es sind Einheiten verlegt worden, von Stützpunkt zu Stützpunkt, und er hat jeden Tag dieselben Einheiten gesehen. Er hat geglaubt, da liegt nun das und das. In Wirklichkeit war alles nur schwach besetzt..."

Einer der vier Radar-Schirme der vom Bombardement zerstörten deutschen Radar-Anlage "Imme" an der Pointe et Raz de la Percée.
Foto: US National Archives

Zu Beginn des Monats Juni 1944 war das gesamte Stützpunkt-Areal an der Pointe du Hoc von zwei Reihen spiralförmigen Stacheldrahtes und einem etwa fünfzig Meter breiten Minengürtel zur Landseite abgegrenzt. Am Eingang gab es einen improvisierten

MG-Stand und eine 2-cm-Zwillings-Schnellfeuerkanone für die Fliegerabwehr, innerhalb des Stützpunktes waren in acht *Tobruk*-Ständen ebenso viele Maschinengewehre installiert. Der Saum der Steilküste wurde durch zwei weitere 2-cm-Zwillings-Schnellfeuerkanonen *(hauptsächlich zur Fliegerabwehr, aber auch für Horizontal- und Tiefschuß geeignet)* links und rechts neben der B-Stelle gesichert. Zwei weitere Maschinengewehre befanden sich in festen Stellungen auf der östlichen Seite der Klippe. Drei MG-Positionen der Soldaten des Werfer-Regiments 84 waren in improvisierten Stellungen am vorderen Laufgraben eingerichtet. Dieser Graben verlief fast durchgängig von der östlichen bis zur westlichen Flanke des Stützpunktes und unmittelbar am Küstensaum entlang, er verband sämtliche vorderen Stellungen und Positionen miteinander. Hinter dem vorderen Graben, zur Landseite, verlief ein ebenfalls fast durchgängiger, in großen Spiralen ausgezogener Stacheldrahtverhau. Vor dem Laufgraben, direkt auf der Kante der Steilküste, waren inzwischen drei übereinanderliegende Reihen Stacheldrahtes mittels spezieller Eisenpfosten gespannt. Außerdem hingen in fast regelmäßigen Abständen, knapp einen Meter unterhalb der oberen Kante des Kliffs und über die gesamte Breite des Stützpunktes an kurzen Seilen etliche 27-cm-Großkaliber-Granaten. Auf der westlichen Seite war eine weitere, mit Sandsäcken befestigte MG-Stellung nahe des Flak-Standes gebaut worden. Unweit davon entfernt befand sich auch die 8,8-cm-Flak in ihrer in den Erdboden versenkten Position. Weitere Maschinengewehre waren auf dem Wachturm, am Eingang des Batteriegeländes und östlich des Eingangs stationiert. 1.300 Meter vom Stützpunkt entfernt waren die drei 15,5-cm-Kanonen aufgestellt. *(Über den Bestand noch zur Verfügung stehender Granaten zu Beginn des Juni 1944 gibt es keine offiziellen Informationen. Innerhalb der letzten 10 Tage vor der Invasion wurden exakt im späteren Invasionsraum von einer Vielzahl deutscher Batterien erhebliche Mengen ihrer Granatbestände abgeholt und in weit rückwärtig gelegene Depots transportiert – angeblich zur Sicherheit. Wilhelm Kirchhoff sagte dazu:*

„Wie ich später hörte, sollte eine Einheit, die weiter zurück lag, einige Nächte vor dem 6. Juni die Granaten in ein großes Depot bei St. Lô gebracht haben…"

(Dies ist eine Aussage, die mit denen etlicher Zeitzeugen anderer Batterien übereinstimmt, gerade in Bezug auf das Depot bei St. Lô, dessen damalige Existenz bekannt ist.)

Der gesamte schmale Saum vor dem Kliff von Grandcamp bis Vierville war durch Stahlhindernisse *(außergewöhnlich hohe „Tschechenigel" mit bis zu fünf Meter langen Stahlstreben)*, in den Boden getriebene Holzpfähle und Minen gesichert. Der Stützpunkt war zu diesem Zeitpunkt von etwa 235 Soldaten besetzt *(zirka 80 Angehörige der 2./1260 und etwa 140 Infanteristen, zusätzlich mit Granatwerfern ausgerüstet, sowie den 15 Soldaten des Werfer-Regiments 84)*. Der Stützpunkt Pointe du Hoc galt als von See her uneinnehmbar…

Der als Kartenzeichner für Rommels Stab tätige Hans Lücking in einem provisorischen Unterstand eines der kleinen Widerstandsnester an der Küste. **Foto: Kollektion H. Lücking**

Über die Abwehranlagen im Hinterland erklärte Hans Lükking: „Es gab dort sehr viele Minenfelder. Links der Küstenstraße, die von Grandcamp zur Pointe du Hoc führt, steht da oben *(auf der ansteigenden Steilküste)* ein Türmchen *(aus*

Unter dem oberen Rand der Steilküste wurden aus alten französischen Munitionsbeständen stammende 27-cm-Granaten aufgehängt und somit zu Minenbomben umfunktioniert. Die großen Granaten wurden ursprünglich für schwere Belagerungs-Mörser (Modell 1885 M 270) und für Küsten-Mörser verwandt. Von Granaten dieses Kalibers gab es drei Typen mit einem Gewicht von 149,57 kg, 152,9 kg und 229 kg und Sprengladungen von 34,45 kg, 29 kg und 66 kg.

Foto: M. Kulisch

Ein im östlichen Stützpunktbereich befindlicher Tobrukstand der Bauform Vf58c, in dem ein Maschinengewehr installiert war.

Foto: von Keusgen 2005

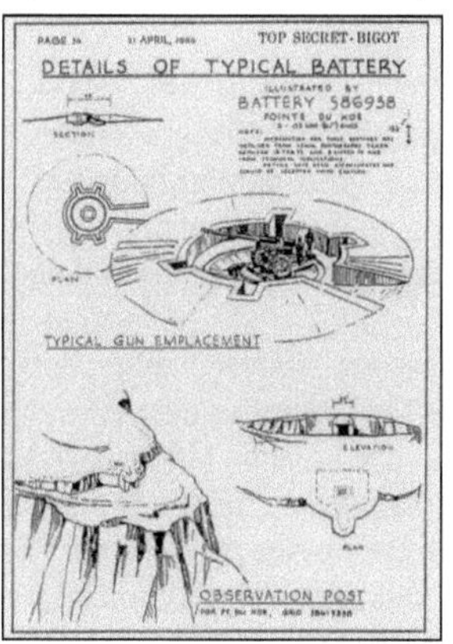

Noch heute findet man viele der charakteristischen eisernen Zaunpfähle an der Küste der Normandie – nur dienen sie jetzt einem friedlichen Zweck, wie hier am Pointe et Raz de la Percée.

Foto: von Keusgen 2005

Bild links: Ärmel-Aufnäher des 2. und 5. Ranger-Bataillons

Abbildungen: Archiv von Keusgen

Wilhelm Kirchhoffs Brief an seine Eltern vom Sonntag, den 28. Mai 1944

Abbildung: Kollektion W. Kirchhoff

Vor dem Landeunternehmen erhielten alle Einsatzleiter, Kompaniechefs und Zugführer der beteiligten Ranger-Bataillone Pläne mit wesentlichen Details des Pointe-du-Hoc-Stützpunktes.

Abbildungen: US National Archives

83

Louis Le Devin 1942 mit seiner
Schwester Hélène am Tag
seiner Ersten Kommunion.
Foto: Kollektion L. Le Devin

der Zeit Napoléons I.) auf der Höhe 21. Unten, in der Niederung, da fließt so ein kleines Wässerchen *(die Aure)*; es fließt dann in den Ärmelkanal. Das hatte man aufgestaut. Das ganze Hinterland *(im Aure-Tal)*, das war alles überschwemmt, die ganzen Wiesen und Ländereien. Es war unmöglich, dort mit einem Panzer oder einem anderen Fahrzeug durchzukommen…" *(Diese Maßnahmen galten primär der Verhinderung feindlicher Luftlandeunternehmen.)*

Über die Beziehung zwischen den in dieser Gegend lebenden Franzosen und den deutschen Besatzungstruppen sagte Hans Lücking: „Wir hatten mit den Franzosen ein sehr gutes Auskommen, sie haben sich sehr loyal verhalten… Wir mußten, wenn wir abends unterwegs waren, oder eine Dienstfahrt machten, immer unsere Waffen mitnehmen. Ich hätte in der Nacht auch mit Uniform und ohne Waffe durchs Land gehen können, ohne daß mir etwas passiert wäre…"

Einige Mitglieder der Gemeinde Cricqueville hatten Ende Mai 1944 die Idee, für französische Kriegsgefangene in Deutschland Geld zu sammeln, um ihnen damit zu helfen. Zu diesem Zweck sollte Anfang Juni ein kleines Fest veranstaltet werden. Dazu wurden Zelte errichtet, Tische aufgestellt und viele Vorbereitungen getroffen. Am Sonntag, den 4. Juni, begann schon vormittags das Fest. Um 14:00 Uhr kamen plötzlich britische Bomber. Die Piloten hielten den kleinen Platz mit den vielen Menschen bei Cricqueville für ein neues deutsches Truppenlager – und bombardierten gezielt. Der 13-jährige Louis Le Devin, der noch nicht auf dem Festplatz war, konnte die Katastrophe vom elterlichen Anwesen aus beobachten. Außer etlicher Verwundeter waren auch fünf Tote zu beklagen. Dieses, bereits die Invasion vorbereitende Bombardement war das bisher schwerste, mit dem die Pointe du Hoc und auch der kleine Festplatz nahe Cricqueville getroffen wurden.

Noch am selben Abend erschien ein deutscher Soldat auf dem Anwesen der Familie Houyvet in St.-Pierre-du-Mont, um Eier und Milch zu kaufen. Marcel Houyvet erinnerte sich: „Der Deutsche hatte gesagt, daß es jetzt gefährlich würde, denn schon bald werde etwas geschehen…"

Bereits am nächsten Tag erfolgte ein weiteres Bombardement an der Pointe du Hoc.

Obwohl die Alliierten durch Agenten erfahren hatten, daß die deutschen Truppen im geplanten US-Landeabschnitt *Omaha* vergleichsweise schwach waren und aus zu vielen Ost-Soldaten, zu jungen oder zu alten und kranken Männern bestanden, nahmen sie ihren Gegner sehr ernst. Als erste Angriffsmaßnahme für den *D-Day* sollten die Küstenbefestigungen aus der Luft bombardiert werden. Da die Kriegsschiffe der Alliierten bereits vor der Stunde X *(6:30 Uhr)* in die Reichweite der deutschen Küstenbefestigungen gelangen würden, sollten diese zusätzlich von See aus beschossen werden. Die Bombardierung und Beschießung des Pointe-du-Hoc-Stützpunktes hatte bei diesem Plan die Priorität. Sollte es nicht gelingen, den Stützpunkt zu eliminieren, wurde davon ausgegangen, daß die eigenen Verluste in diesem Abschnitt bis zu 60 Prozent betragen könnten…

Für die Bombardierung der deutschen Küstenstützpunkte waren vier Phasen geplant: Zuerst in der Nacht zum 6. Juni eine schwere, dann eine mittlere Bombardierung und die dritte, ebenfalls mittlere, für den Zeitpunkt kurz vor der Stunde X *(6:30 Uhr)*; das vierte Bombardement sollte bei Tageslicht und durch mittlere Bomber und Jagdbomber vorgenommen werden und sich gegen die Strandbefestigungen richten, um sämtliche im Angriffsraum befindlichen und für ein schnelles Vorrücken wichtigen Strandausgänge von Hindernissen aller Art frei zu machen.

Die Beschießung durch die Marine hatte exakt 35 Minuten vor der *Stunde X* einzusetzen, die zweite Phase des Beschusses sollte durch den Einsatzleiter an der Pointe du Hoc angefordert werden – sofern dieses überhaupt noch erforderlich wäre...

Die Aufgabe der Ranger, die sich anhand von Karten und Anschauungsmodellen auf beide Einsatzgebiete genau vorbereitet hatten, sollte nun darin bestehen, von See aus den Stützpunkt zu erstürmen und die sechs15,5-cm-Kanonen zu eliminieren. Als Rudder die Fotos des dreißig Meter hohen Kliffs an der Pointe du Hoc zum erstenmal gesehen und von dem befestigten Stützpunkt auf dem Plateau gehört hatte, glaubte er, man hätte ihn nur spaßeshalber erschrecken wollen. Auch Major Schneider, der bereits drei Ranger-Landeunternehmen mitgemacht hatte, war von der schwierigen Aufgabe, die sich den Rangern an der Küste der Normandie stellte, stark beeindruckt.

Oberstleutnant James Earl Rudder war das Oberkommando über die gesamte Ranger-Aktion beider Bataillone übertragen worden, und er sollte die Aktion vom US-Hauptquartier-Schiff, der *Ancon*, aus leiten – jedoch kam es in der Nacht vom 4. auf den 5. Juni zu einem folgenschweren Eklat:

Auf einem der Mutterschiffe für Landungsboote, der *Prince Charles*, das seit fünf Tagen die A- und die B-Kompanie des 2. Bataillons an Bord hatte, war eine kleine Party gegeben worden – die A-Kompanie hatte einen neuen Chef bekommen. Es wurde an diesem Abend viel getrunken, und einige Offiziere tranken zu viel. Plötzlich ergriff der Einsatzleiter für die Aktion an der Pointe du Hoc, Hauptmann Lytle, das Wort und erklärte lautstark und so, daß alle ihn hören konnten, daß die Einnahme des Stützpunktes an der Pointe du Hoc eine reine Selbstmord-Aktion sein würde... Als ein Sanitäter den Hauptmann beruhigen wollte, wurde Lytle handgreiflich. Dann zeigte er eine kleine Skizze, die er bei sich trug, und wies auf eine Notiz: *Geschütze demontiert*. Einige Pfeile waren eingezeichnet, die auf die ehemaligen Positionen der 15,5-cm-Kanonen deuteten und Lytle behauptete: „Die Aufklärung sagte, die Kanonen sind nicht mehr da... Und die Aufgabe der Ranger bleibt bestehen – das ist Selbstmord...“

Einer der anderen Offiziere meldete diese aufwieglerische Indiskretion, und der Denunziant wurde in Haft genommen. Noch in derselben Nacht suchte Oberstleutnant Rudder den Kommandeur der 1. Division auf und setzte Generalmajor Clarence R. Huebner von der leidigen Affäre in Kenntnis. Er teilte ihm auch mit, daß er sich nun selbst an die Spitze des 2. Bataillons stellen und den Pointe-du-Hoc-Stützpunkt mit erstürmen würde – was Huebner nicht zulassen wollte. Aber Rudder entgegnete: „Tut mir leid, Sir, dieses Mal kann ich Ihnen nicht gehorchen. Wenn ich die Führung über das Bataillon nicht übernehme, wird es nicht gehen...“

D-Day-Wetter an der Pointe du Hoc

Bei Witterungsverhältnissen und einem Seegang wie auf diesem Foto erreichten die ersten neun Landungsboote der Ranger an dieser Stelle das Kliff (Blick von der Pointe du Hoc in östliche Richtung).

Foto: von Keusgen 1984

Teil 3
Die Kampfhandlungen

Sie kommen!

In der Nacht vom 5. auf den 6. Juni 1944 heulten um 1:30 Uhr plötzlich die handbetriebenen Sirenen. Doch ihr gerade begonnenes Geheul ging unter im Donner des schwersten Bombardements, das der Stützpunkt an der Pointe du Hoc je erlebt hatte. 114 Bomber der 9. US-Air-Force warfen 637 Tonnen Bomben stärkster Sprengkraft auf das ohnehin bereits fast vollständig verwüstete Batterie-Gelände und gruben es noch einmal um... *(von dieser Angabe abweichende amerikanische Berichte beziffern die Bombenlast mit 698 Tonnen)*.

Wilhelm Kirchhoff berichtete über dieses Bombardement:

„Als die Bomber kamen, hockten wir 13 Mann von der Werfer-Einheit in unseren kleinen, in die Erde gebauten Baracken. Es waren sehr viele Bomber, die konnte man nicht zählen. Sie kamen aus nordöstlicher Richtung und haben mächtig was ´runtergelassen. Man konnte die roten Blitze der Explosionen unentwegt zucken sehen und alles hat gebebt. Ich bemerkte dabei gar nicht, daß ich einen *(lebenslangen)* Gehörschaden bekommen hatte. Die Bombardierung dauerte dann wohl mehr als eine halbe Stunde lang...“

Viele Einwohner in der Umgebung der Pointe du Hoc konnten von ihren Häusern aus das nächtliche Bombardement verfolgen. Gerette Coulmain berichtete von ihren Eindrücken. Die 19-jährige und ihre Großmutter konnten vom Anwesen der Le Normands die Gluthölle an der Pointe du Hoc sehen: „Es sah aus, als ob der ganze Himmel brannte...“

Der Ort St.-Pierre-du-Mont blieb von den Bomben verschont, doch, so erzählte Gerette Coulmain: „Alle Häuser des ganzen Anwesens haben gezittert. Die Großmutter und ich haben uns fest umschlugen und in eine Ecke des Hauses gekauert. Plötzlich erschien ein deutscher Soldat im Haus. Von seinem Kopf strömte das Blut über die ganze Uniform; sie war von dickem, weißen Staub bedeckt. Er war völlig mit Blut besudelt und sprach nur deutsch. Er sagte immer wieder, *alles kaputt, alles kaputt...* Der Soldat war völlig verstört und ich konnte seinen weiteren Worten dann entnehmen, daß alles auf der Pointe du Hoc zerstört und der Chef und alle Soldaten tot waren. Dann ist er wieder gegangen...“

Auch die Einwohner des nahen Cricqueville waren Zeugen des Bombardements. Der 13-jährige Louis Le Devin hatte Angst gehabt: „Das Bombardement in der Nacht zum 6. Juni war das schwerste von allen. Unser ganzes Haus hat gebebt. Wir hatten alle große Angst. Als das Bombardement begann, liefen wir aus dem Haus...“

Was auf dem Stützpunkt an der Pointe du Hoc nach den bisherigen Luftangriffen noch unversehrt war, wurde in der Nacht zum 6. Juni 1944 vom aufgewirbelten Erdreich verschüttet, schwer beschädigt oder gänzlich zerstört – wie der alleinstehende und aus Metall-Halbschalen errichtete Munitionsbunker nahe der Kasematten (Vergleich siehe Seiten 51 und 53).

Foto: US National Archives

Die Familie Le Devin hatte sich, wie viele andere auch, einen Unterstand im Garten gebaut, in dem sie bei Bombenangriffen Schutz suchten. Es war ein kurzer, mit Baumstämmen überdachter Graben. Sicherheitshalber deponierten sie immer etwas Eßbares darin. Der junge Louis konnte zwar aus dem Unterstand hinaussehen, doch war ihm von seinem Vater verboten worden, diesen zu verlassen. Als er zur Feuerglocke an der Pointe du Hoc hinübersah, bot sich ihm ein nachhaltiger Eindruck: „Der ganze Himmel war voller Feuer...“

Im Gegensatz zu der immer von Luftangriffen verschonten Ortschaft St.-Pierre-du-Mont fielen in Cricqueville vereinzelte Bomben, die von den Piloten zu spät abgeworfen worden waren. Bürger des Ortes, die keinen eigenen Unterstand besaßen, suchten Schutz in den Straßengräben. Die Kirche der kleinen Ortschaft wurde von einer Bombe getroffen, die den Altar zerstörte. Von dem Luftdruck zersprangen alle ihre Fenster.

Über die Folgen des Bombardements auf dem Stützpunkt erklärte Wilhelm Kirchhoff: „Uns 15 Mann *(des Werfer-Regiments)* ist dabei nichts geschehen... Die Explosionen haben viele Laufgräben völlig verschüttet und überall die Tarnnetze 'runtergerissen. Wir haben dann in der Dunkelheit soviel wie möglich in Ordnung gebracht, damit man sich überhaupt erstmal wieder bewegen konnte. Dann haben wir etwas gegessen. Wir sagten uns, *wer weiß, was uns heute noch bevorsteht...“*

Der Bombenangriff hatte zur Folge, daß sämtliche Soldaten auf dem Stützpunkt mit Aufräumarbeiten beschäftigt wurden; auch mußten viele Verwundete und Tote geborgen werden.

Kurz nachdem das Bombardement vorüber war, dröhnten nochmals Flugzeugmotoren durch die Nacht; dann pendelten Soldaten des 506. US-Fallschirmjägerregiments der 101. Luftlandedivision in die zwischen den Wolken gelegentlich vom Mondschein bläulichkalt beschienene normannische Landschaft hinab, nur wenig südwestlich der Pointe du Hoc...

Nach dem letzten Bombardement vom 6. Juni gab es im Zentrum des Stützpunktes an der Pointe du Hoc keine Stelle mehr, die nicht von Bomben getroffen oder unmittelbar davon beeinträchtigt wurde (Vergleich siehe Seite 67). **Foto: NA / US Air Force**

Die Kasematte Nr. 2 – mitten in einer vollständig verwüsteten „Mondlandschaft"... (Vergleich siehe Seiten 28-29)
Foto: US National Archives

Seit 1:00 Uhr waren beim Stab der 352. Infanterie-Division etliche Meldungen über feindliche Fallschirmjäger-Absprünge eingegangen. Die erste Meldung aus dem Raum der Pointe du Hoc ging um 3:10 Uhr ein: *Feindliche Fallschirmlandung beiderseits der Vire-Mündung...*

Um 3:35 Uhr erfolgte die nächste Meldung: *Stärkste Bombenangriffe auf Le Guay, Pointe du Hoc und Grandcamp.*

In Cricqueville wohnte auf dem benachbarten Anwesen der Le Devins der Bürgermeister des Ortes, Léon Villiers, mit seinen Geschwistern und den Eltern. Auch diese Familie hatte ihren selbstgebauten Unterstand im Garten aufgesucht. Alle Personen saßen noch eine Weile in dem kleinen Schutzraum und warteten ab, ob vielleicht noch weitere Bomber kämen. Sie erschraken, als plötzlich eine dunkle Gestalt mit einem großen Stahlhelm auf dem Kopf im Eingang erschien. Im nur schwachen Licht des Mondes sahen sie, wie diese Gestalt eine Maschinenpistole hob und ihre Mündung in den engen Raum hielt. Der amerikanische Fallschirmjäger befahl der Familie Villiers, die Hände zu heben, dann fragte er, ob sie Franzosen wären. Als sich der Amerikaner davon überzeugt hatte, daß sich in dem dunklen Raum keine deutschen Soldaten aufhielten, ließ er seine Maschinenpistole sinken. Die Uniform klebte dem Fallschirmjäger völlig durchnäßt am Körper – er war kurz vorher im nahen Sumpfgebiet heruntergekommen. Obwohl es den Franzosen von den Deutschen streng verboten war, feindlichen Soldaten zu helfen, nahm der Bürgermeister den Amerikaner mit in sein Haus. Dort zündete er im großen Kamin ein Feuer an und trocknete die Uniform. Der Fallschirmjäger wollte dem Bürgermeister dessen Bemühungen bezahlen und hielt ihm eine Ein-Dollar-Note hin. Doch Monsieur Villiers nahm das Geld nicht an.

Kurz nachdem der Amerikaner das Haus verlassen hatte, fuhr der Bürgermeister, der auch Bauer war, mit seinen Geschwistern noch im Dunkeln auf die Weide, um die Kühe zu melken. Kaum war er fort, er-schienen einige deutsche Soldaten auf dem Anwesen, sie suchten nach einem feindlichen Fallschirmjäger, den sie beobachtet hatten, als er in der Nähe heruntergekommen war... Die Deutschen inspizierten alle Räume und fragten, ob man in diesem Haus einen Amerikaner aufgenommen, versorgt oder versteckt habe. Léon Villiers Eltern verneinten ängstlich. Der Bürgermeister von Cricqueville war sich durchaus darüber im Klaren, daß er sich durch die von den Deutschen streng verbotene Hilfeleistung eines Feindes in Lebensgefahr begeben hatte – er war froh, die Dollar-Note des Amerikaners nicht angenommen zu haben...

Aufgeschreckt durch das schwere Bombardement und offensichtlicher feindlicher Fallschirmjäger-Absprünge durchkämmten deutsche Soldaten mit Kraftfahrzeugen aufmerksam die Gegend um die Pointe du Hoc. Bereits in den ersten Stunden des 6. Juni entstand eine verworrene, nervöse und gereizte Situation, da die Deutschen nun viele Franzosen verdächtigten, verkleidete amerikanische Fallschirmjäger zu sein. Die Familie Le Devin konnte aus ihrem Unterstand beobachten, daß draußen deutsche Soldaten vorbeizogen. Ein Offizier hielt in der Nähe an und verblieb fast eine Viertelstunde dort – aber den Unterstand, in dem die Franzosen hockten, entdeckte er nicht.

Im Schutz der Nacht vom 5. auf den 6. Juni 1944 hatte sich, trotz schweren Seegangs, die größte Armada aller Zeiten von britischen Häfen aus über den Ärmelkanal und bis vor die Küste der Normandie bewegt. Die durchgehende Front von insgesamt 5.339 Schiffen erstreckte sich von der Cotentin-Halbinsel *(westliche Flanke des Invasionsraums der Alliierten)* bis zur 84 Kilometer entfernten Orne-Bucht *(östliche Flanke)*. Hinter der Linie der Schlachtschiffe, die 31 Kilometer vor der Küste des Grandcamp lagen, befanden sich sicherheitshalber noch drei Kilometer dahinter auch die britischen Truppentransporter *Ben Machree, Prince Charles* und *Amsterdam*. Bereits seit fünf Tagen hatten sich die Ranger an Bord dieser Transportschiffe aufhalten müssen.

Um kurz vor 4:00 Uhr ertönte aus den Lautsprechern eine Stimme: „Achtung, Ranger! In die Landungsboote! Viel Glück, Jungs, macht was d'raus!"

Bevor die Ranger in die kleinen britischen Landungsboote kletterten, hatten sie als Präventivmaßnahmen gegen Seekrankheit ein leichtes Frühstück und Tabletten einnehmen müssen. Danach waren an jeden Ranger eine Schwimmweste und einige braune Papiertüten ausgegeben worden... Dann stiegen sie in der Dunkelheit in die leichten, hölzernen, britischen LCAs, die schaukelnd an den äußeren Bordwänden der drei Truppentransporter hingen. *(Im Gegensatz zu den etwas größeren amerikanischen Higgins-Booten, die bereits vor dem Beladen zu Wasser gelassen wurden, mußten die Soldaten die britischen Boote vor dem Herablassen besteigen.)* Anschließend wurden sie an Kränen von ihren Mutterschiffen in das unruhig auf und ab wogende Meer heruntergelassen.

Die Ranger waren in drei Einheiten gegliedert – in Task Forces (= gemischte Kampf- bzw. Sonder-Verbände): Ein in den letzten Monaten auch mit James E. Rudder ausgearbeiteter Plan zur Eroberung des Stützpunktes Pointe du Hoc sah folgende Taktik vor: Ein Frontalangriff durch drei Kompanien des 2. Ranger-Bataillons von See her gegen die östliche *sowie die westliche Flanke der Steilküste unterhalb des Stützpunktes. Die Aufgabe, den Stützpunkt Pointe du Hoc einzunehmen, war Rudders 2. Ranger-Bataillon übertragen worden. Man war der Meinung, daß ein 225 Mann starkes Bataillon in* der Lage wäre, den Stützpunkt zu eliminieren. (Auf dem nur schmalen Streifen Land vor dem Kliff der Pointe du Hoc hätte auch kein größeres Truppenkontingent landen können.) Schneiders 5. Bataillon sollte die Verstärkung bilden; außerdem mußte es den landenden US-Truppen an der westlichen Flanke des Abschnitts „Omaha Beach" zur Unterstützung dienen.*

Die Task Force A, bestand aus einer Kompanie Stabs-Soldaten und den Kompanien D, E und F des 2. Bataillons sowie einer Naval Shore Force Control Party (NSFCP

122 Zentimeter lang, 56 Zentimeter breit und 18 Kilo Gewicht – die großen Enterhaken, die von fest montierten Spezial-Werfern direkt aus den LCAs der Ranger abgeschossen wurden.

Foto: von Keusgen 2005

Bild oben: Einer der leichten Enterhaken, die von tragbaren Werfern (Harpunen ähnlich) verschossen wurden.

Bild unten: Tragbarer Werfer.

Fotos: US National Archives

= Marine-Küsten-Kampf-Kontroll-Kommando). Sie sollte zur Stunde X des „D-Day" landen (Aufklärung, Operation und Sanitätswesen, total 225 Mann). Die D-Kompanie sollte westlich, die E- und F-Kompanie sowie die NSFCP östlich der Pointe-du-Hoc-Klippe die Küste erreichen. Jedes Team hatte eine spezielle Aufgabe. Zuerst mußten die Strandhindernisse von diesen Rangern zerstört und weitere Anlandungen nachfolgender Truppen gesichert werden. Die Hauptaufgabe der Ranger bestand jedoch in der schnellst möglichen Zerstörung der 15,5-cm-Kanonen. Danach sollten sie den Zufahrtsweg zur Pointe du Hoc und die Küstenstraße absperren und auf Verstärkung durch ein von Vierville aus vorrückendes Infanterie-Regiment warten. Die Force A wurde nun von Oberstleutnant James Rudder persönlich geführt. Das Angriffsziel der Ranger, die Pointe du Hoc, befand sich im Landeabschnitt „Omaha" und direkt an der Grenze der Sektoren „Baker" und „Charlie".

Die Task Force B wurde von der C-Kompanie des 2. Ranger-Bataillons gebildet. Sie sollte zur Stunde X an der rechten Flanke des Landeabschnittes „Omaha" Sektor „Dog Green" kurz hinter der A-Kompanie des 116. Infanterie-Regiments der 29. US-Infanterie-Division mit einer Schwimmpanzer-Einheit an Land gehen (vor der kleinen Küstenortschaft Vierville-sur-Mer), mit ihr gemeinsam so schnell wie möglich auf der Steilküste zur Pointe et Raz de la Percée vorrücken und die dortige Radarstation und sämtliche militärischen Einrichtungen zerstören. Dann sollte diese Kompanie weiter in Richtung der Pointe du Hoc vorstoßen und den Weg für nachfolgende Truppen freimachen.

Die Task Force C bildete die Hauptkampfgruppe. Sie bestand aus einer provisorisch aufgestellten Gruppe der Stabs-Soldaten des 2. Ranger-Bataillons, einer NSFCP, den Kompanien A und B des 2. Bataillons und dem gesamten 5. Bataillon mit 450 Mann. Die Force C wurde vom Kommandeur des 5. Bataillons, Max F. Schneider, befehligt und ihre Aufgabe war abhängig vom Erfolg oder Misserfolg der Force A. Deshalb wurden zwei Pläne ausgearbeitet: Gemäß des Plans A hatte die Force C eine halbe Wegstunde von der Küste entfernt bis 7:00 Uhr zu warten. Dann sollte von der Force A ein Signal gesandt werden, das den Erfolg ihrer Landung melden würde. Wenn sie dieses Erfolgssignal erhielt, sollte die Force C ebenfalls, um 7:30 Uhr, an der Pointe du Hoc landen, die Steilküste ersteigen, sich mit den Männern der Force A vereinen, gemeinsam die Kanonen zerstören, ins Hinterland vorrücken und die Sperrung der Küstenstraße zwischen Grandcamp und Vierville halten. Dort mußten die Ranger der Force C und der Force A auf das Eintreffen der von Vierville aus vorstoßenden Force B und des 116. US-Infanterie-Regiments warten, die dem Plan zufolge gegen Mittag eintreffen müßten, und dann mit diesen in westliche Richtung auf Grandcamp vorrücken.

Deutsche Generalstabskarte mit den Feuerbereichen (rote Pfeile) der Batterie Maisy. Nicht nur die 15,5-cm-Kanonen an der Pointe du Hoc bedrohten die Landeunternehmen der Amerikaner in ihren Sektoren "Utah" und "Omaha", sondern auch die weitreichenden 10,5-cm-Haubitzen und 15,5-cm-Kanonen der Widerstandsnester 83 und 84, die zusammengefaßt die außergewöhnlich große Batterie-Anlage Maisy (roter Kreis) bildeten. Diese mehr als drei Kilometer vom Meer entfernte Anlage, die mehrere Radar-Stellungen an der Küste sicherte, war mit einem Angriff von Meer aus nur schwer zu erreichen – folglich wurde auch sie eine Aufgabe der Ranger… **Abbildung: Archiv von Keusgen**

Sollte das Erfolgssignal bis 30 Minuten nach der Stunde X nicht gesendet werden, wäre nach Plan B zu handeln. Dann müßte die Force C im Abschnitt „Omaha" Sektor „Dog Green" landen und über die Küstenstraße bis zur Pointe du Hoc vorstoßen.

Zwei Stunden nach der Stunde X hatte eine Einheit mit leichten Sturmgeschützen im Abschnitt „Omaha" Sektor „Dog Green" an Land zu gehen und entlang der Küstenstraße von Vierville in Richtung Grandcamp und zur Pointe du Hoc zu ziehen, um die Force C bei der Einnahme des Stützpunktes zu verstärken.

Nachdem die Hauptaufgabe der Ranger erfüllt war, den Stützpunkt Pointe du Hoc einzunehmen und die sechs 15,5-cm-Kanonen zu eliminieren, sollten sie sich an der rechten Flanke des amerikanischen Landeabschnittes „Omaha" versammeln und für weitere Aktionen bereithalten. (So der letzte Teil ihres Befehls. Dort konnten sie sich mit der Task Force B

Thompson Maschinenpistole Modell 1928 A1, Kaliber .45 wurde von US-Fallschirmjägern und Rangern benutzt.
Abbildung: Archiv von Keusgen

Artillerie-Unteroffizier Rudolf Karl – 1944 im Alter von 25 Jahren. **Foto: Kollektion R. Karl**

Landungsboote und DUKWs näherten sich der Küste...

Die ungepanzerten DUKWs waren 2,5-Tonnen-Amphibien-Lastwagen und konnten bis 25 Soldaten oder 2.250 Kilo Last tragen.

Fotos: US National Archives

wieder vereinen, und nach einer „Erholungspause" sowie einer Neuordnung erhielten sie ein nächstes Angriffsziel – nämlich die Einnahme der schweren Heeres-Küsten-Batterie Maisy, nahe Grandcamp.)

Gegen 5:00 Uhr begann am östlichen Horizont der Morgen zart zu dämmern. Ein dunkler Dunstschleier lag über dem Meer. Immer noch waren die deutschen Soldaten an der Pointe du Hoc in Alarmbereitschaft. Mit zunehmendem Licht mußten sie ihre Verteidigungspositionen beziehen. Plötzlich konnten die Soldaten von der hohen Steilküste aus im schwachen Grau des frühen Morgens weit auf See Schiffsaufbauten aus dem Dunst ragen sehen – Hunderte...

Über diesen ersten Eindruck, den die Soldaten von der Armada der Alliierten bekamen, sagte der damals 25-jährige Artillerie-Unteroffizier Rudolf Karl: „Als sich plötzlich der Nebel verzogen hatte, konnte man vom Meer nichts mehr sehen – nur Schiffe..."

Auch Wilhelm Kirchhoff konnte diesen Anblick nie vergessen: „...Dann sahen wir plötzlich am Horizont die Schiffe – gerade so, daß man sie noch erkennen konnte. Es waren sehr große und sehr viele Schiffe. So etwas hatte ich noch nie gesehen... Als ich das sah, habe ich das Grauen gekriegt und es lief mir eiskalt über den Rücken. Ich fragte mich, was wohl nun mit uns geschehen würde, denn es war klar, daß es jetzt losgehen würde... Dann kam unser Leutnant zu uns und sagte: *Davon bekommen wir jetzt etwas ab...*

Die Schiffe kamen langsam näher und man konnte erkennen, daß in dem Dunst auch noch eine Menge kleiner Boote dabei waren..."

Plötzlich verflüchtigte sich der künstliche Nebel und die Flotte der Alliierten war in ihren ganzen Ausmaßen zu erkennen. Von der Pointe du Hoc aus konnten die deutschen Soldaten über den gesamten Horizont eine durchgehende dunkle Wand aus Schiffskörpern erkennen.

Um 5.20 Uhr ging beim Stab der 352. Infanterie-Division die erste Schiffs-Meldung aus dem Raum nahe der Pointe du Hoc ein – vom Artillerieregiment 352:

Vorgeschobene Beobachter der II. und IV. Abteilung melden die Feststellung von Geräuschen, vermutlich Schiffseinheiten, die sich in 2 Kilometern Entfernung in Richtung der Vire-Mündung bewegen. Ferner werden mit Fahrtrichtung Le Guay – Pointe du Hoc 29 Schiffe, darunter 4 größere Einheiten (mindestens Zerstörer- oder Kreuzer-Klasse) in 6 bis 10 Kilometern Entfernung beobachtet. 3 bis 4 Flugzeuge sind in Formigny abgestürzt, 1 Pilot (Pole) gefangengenommen. Die Zahl der Landungsboote vor Port-en-Bessin hat sich auf 50 erhöht.

Schlingernd und schaukelnd pflügten nun die kleinen LCAs der ersten Angriffswelle der Ranger im Morgengrauen durch die rauhe See und auf die noch weit entfernte Küste zu. Da sich aber gleichzeitig auch aus großer Entfernung viele andere Boote den benachbarten Landezonen der Amerikaner („Omaha Beach" und „Utah Beach") näherten, erweckte es für die Soldaten auf der Pointe du Hoc zuerst den Eindruck, als kämen alle auf sie zu...

Wilhelm Kirchhoff berichtete darüber: „Es kamen so viele Landungsboote, daß ich sie nicht zählen konnte... Dann begann die Schiffsartillerie plötzlich mit dem Beschuß der Küste und alle riefen aufgeregt: *Sie kommen! Sie kommen!"*

Es war genau 5:55 Uhr.

Den Artilleriebeobachtern auf den Kriegsschiffen der Alliierten boten sich auf dem Plateau der Pointe du Hoc nur wenig

Um 5.55 Uhr begann der Beschuß der Küste durch die schwere Schiffsartillerie.
Foto: US National Archives

Ziele. Von See und aus einer Entfernung von *(anfangs)* 17 Kilometern waren nur der flache Bunker der B-Stelle und die beiden Kasematten klar erkennbar – aber gerade ihnen und den 15,5-cm-Kanonen galt der Beschuß. Die Schlachtschiffe *USS Texas* und *USS Arkansas* sowie einige Zerstörer schossen in einem 32 Minuten anhaltenden Trommelfeuer mehr als 600 schwere Granaten *(bis Kaliber von 35,6 cm)* auf den Stützpunkt und sein nahes Umfeld. Wilhelm Kirchhoff sagte über diesen Beschuß: „Sie haben von den Schiffen aus kaum etwas getroffen. Die meisten Granaten sind über uns hinweg ins Hinterland geflogen..."

Im Schutz des brüllenden Trommelfeuers der schweren Schiffsartillerie fuhr die erste Angriffswelle der Ranger auf die Küste zu. Sie bestand aus 10 britischen, mit Männern und Material schwer beladenen LCAs für die drei Ranger-Kompanien sowie den Stabs-Soldaten, das Funk- und Sanitätspersonal. In jedem dieser Boote hockten etwa 20 Mann. Auf die Seitenwände der LCAs waren je Boot drei Paar Raketenwerfer montiert: Ein Paar am Heck, eines in der Mitte und das dritte am Bug. Vom Heck aus konnten diese Werfer ausgelöst werden und feuerten dann jeweils einen 1,22 Meter langen und 18 Kilogramm schweren, sechsarmigen Enterhaken ab. Je ein Paar Haken sollten während ihres steilen Fluges hinauf zur Kante des 30 Meter hohen Kliffs glatte, fast drei Zentimeter dicke Seile tragen. Glatt waren sie, um einen möglichst geringen Widerstand beim Abfeuern der Haken und dem gleichzeitigen Abspulen zu gewährleisten. Zusätzlich zu den sechs stationären Werfern verfügten die Ranger jedes Bootes auch noch über kleinere, tragbare Werfer, die sie nach der Anlandung mit ans Ufer nehmen und von dort aus weitere Haken abfeuern konnten. Die Ranger in jedem der 10 Landungsboote waren auch noch mit Strickleitern und schmalen Spezial-Leitern ausgerüstet. Diese leichten, fast 6,30 Meter langen Metall-Leitern waren jeweils zusammensteckbare Einzelelemente, mit denen man *(zusammengesteckt)* den oberen Rand des Kliffs *(theoretisch)* erreichen konnte.

Admiral Halls Nachrichtenoffizier hatte einst zu dem Vorhaben, die Steilküste der Pointe du Hoc zu ersteigen, gesagt: „Das ist unmöglich. Drei alte Weiber mit Besen könnten die Ranger am Erklettern dieses Kliffs hindern..."

Für die Ranger war es wichtig, daß sie sich, nachdem sie die Küste erreicht hatten, schnell und ungehindert bewegen konnten. So waren sie nur leicht bewaffnet, zwei Handgranaten pro Mann und eine Maschinenpistole. Jene Ranger, die als gute Kletterer zuerst

die Steilwände erklimmen sollten, waren zusätzlich noch mit einer Pistole und statt der Maschinenpistole mit einem Karabiner bewaffnet. Alle Ranger trugen außerdem den obligatorischen Dolch. Jede Kompanie verfügte über zwei leichte 6-cm-Granatwerfer und vier Browning Automatic Rifles *(BAR = Schnellfeuer-Gewehr Modell 1918)*.

Den zehn LCAs folgten noch vier DUKWs *(2,5-Tonnen-Amphibien-Lastwagen)*, auf die schwere, bis zu 33 Metern ausziehbare Leitern der Londoner Feuerwehr montiert waren. An der Spitze jeder dieser Leitern befand sich ein Zwillings-Maschinengewehr. Hinter den DUKWs fuhren noch zwei weitere LCAs mit Nachschub, der aus zwei 8,1-cm-Granatwerfern, Munition, Sprengstoff und diversen Ausrüstungsgegenständen bestand.

Schnürschuhe mit khakifarbenen Gamaschen wurden von GIs und Rangern getragen.
Abbildung: Archiv von Keusgen

Britisches Landungsboot für den infanteristischen Angriff. Dieser kleine Bootstyp, der von jungen britischen Seeleuten gefahren wurde, kam auch für die Eroberung des Pointe-du-Hoc-Stützpunktes durch die Ranger zum Einsatz. Der Rumpf des Bootes bestand, wie bei sämtlichen Landungsbooten, aus Holz; der Bootsführerstand befand sich, konträr zu den amerikanischen Higgins-Booten, im vorderen Bereich und war leicht gepanzert. **Foto: von Keusgen 1974**

Die Küste an der Pointe du Hoc, wie sie auch die aus östlicher (dieser) Richtung am Morgen des 6. Juni 1944 bei diesigem Wetter heranfahrenden Ranger sahen. **Foto: von Keusgen 2005**

*Ein DUKW mit einer aufmontier-
ten und bis zu 30 Metern ausziehbaren Leiter der Londoner
Feuerwehr.*

Foto: US National Archives

Die noch vom schlechten Wetter der letzten Tage aufgewühlte See bereitete den mit Männern und Material schwerbeladenen kleinen Booten große Schwierigkeiten auf dem mehr als 17 Kilometer langen Weg zur Küste, dennoch bildeten sie bald eine Linienformation.

Auf und ab schaukelten die LCAs im 8-Kilometer-Tempo über Wellenberge und durch Wellentäler dahin. Die Ranger waren in diesem Moment einem außergewöhnlichen Gemisch extremer Eindrücke und Wahrnehmungen ausgesetzt: Die aufkommende Seekrankheit bereitete Übelkeit; der starke Seegang und der Anblick der hohen Küste mit ihren feindlichen Stellungen verursachte Sorge und Furcht; das ohrenbetäubende Dröhnen der Abschüsse großkalibriger Granaten der Schlachtschiffe, über denen die silbern schimmernden Sperrballons an langen Seilen schwebten, und die Explosionen an der Pointe du Hoc, die den dunklen Qualm am Himmel wieder und wieder glutrot flackernd beleuchteten, entbehrte nicht einer gewissen, wie irrsinnig erscheinenden Faszination.

Über die ungeheure Wucht der Abschüsse der 35,6-cm-Großkalibergranaten von den Schlachtschiffen sagte James Rudder: „Es hörte sich an, als ob sie Jeeps in den Himmel schleudern würden…"

Die als unsinkbar deklarierten, hölzernen LCAs waren zusätzlich mit stationären Geschützen und kleinen, fest montierten Maschinengewehren ausgestattet. Sie hatten nicht nur mehr Tiefgang als die amerikanischen Higgins-Landungsboote, sondern waren auch langsamer. Als sie gerade erst einige Minuten gefahren waren, stieß plötzlich eines der schwer beladenen Nachschub-Boote mit seinem durch die Frontklappe stumpfen Bug derart unglücklich in ein tiefes Wellental hinab, daß es sofort vom kalten Wasser überspült wurde und augenblicklich sank. Nur ein einziger Soldat überlebte den schnellen Untergang des Landungsbootes. Auch das LCA 860 geriet in große Schwierigkeiten. Eine von hinten kommende hohe Welle rollte über die Steuerbord-Seitenwand des kleinen Holzbootes und überschwemmte es völlig. Die Pumpen der Boote waren fast nirgendwo in der Lage, die hereinschwappenden Wassermassen so schnell, wie es nötig war, wieder auszustoßen. Hauptmann Harold K. Slater, der Chef der D-Kompanie, der sich auch im LCA 860 befand, befahl sofort, die gesamte Ausrüstung über Bord zu werfen, um ein endgültiges Sinken zu verhindern. Dann mußten die Männer mit ihren Helmen im Akkord das Salzwasser

Ranger in einem LCA.

Foto: US National Archives

hinausschöpfen – doch das Boot versank unter ihnen. Slater und seine 20 Männer trieben mit ihren Schwimmwesten im Meer... *(Da es den Führern der Landungsboote gemäß eines entsprechenden Befehls ausdrücklich untersagt war, havarierten Booten oder im Wasser schwimmenden Soldaten zu Hilfe zu kommen, statt dessen auf dem schnellsten Weg zur Küste zu fahren, wurden die Männer des LCA 860 erst einige Stunden später von einem Rettungsboot aufgenommen. Unmittelbar nach seiner Rettung verlangte Slater eine trockene Uniform und Waffen, um noch einmal loszufahren. Doch die völlig unterkühlten Männer wurden nach England zurück und in ein Hospital gebracht.)*

Im nachfolgenden LCA kämpften die Ranger gleichermaßen darum, den Untergang auch ihres Bootes zu verhindern. Obwohl das LCA das gesamte Gepäck der Soldaten sowie erhebliche Mengen Munition transportierte, befahl der Zugführer, jeden überflüssigen Ballast über Bord zu werfen...

Seit Beginn ihrer Fahrt hatten sämtliche LCAs und DUKWs mit dem schweren Seegang zu kämpfen. Der ständig über die Bordwände staubende Gischt und in unregelmäßigen Intervallen hereinschwappendes Wasser durchnäßten die Uniformen der Ranger bis auf die Haut. Nach kurzer Zeit stand das Wasser in einigen Booten so hoch, daß sie bedrohlich an Gewicht zunahmen. Die Soldaten begannen ebenfalls, es mit ihren Helmen wieder hinaus zu schöpfen. Viele der Ranger, die bereits den sechsten Tag auf dem Meer verbrachten, waren inzwischen seekrank *(ein Zustand, der außer starker Übelkeit einen Menschen völlig apathisch werden läßt)*. In den Lärm der röhrenden Dieselmotore, dem infernalen Getöse der Schiffsartillerie und dem dumpfen Poltern, wenn die schweren Wogen gegen die stählernen Frontklappen der auf dem Wasser umhertanzenden LCAs schlugen, mischten sich Flüche und das Würgen der sich erbrechenden Männer. In diesen chaotischen Zuständen,

die in den Booten herrschten, bemerkte anfangs niemand, daß die nur noch neun LCAs der Task Force A während ihrer insgesamt mehr als dreistündigen Fahrt durch die an diesem Tag besonders starken Strömungsverhältnisse des Meeres immer weiter nach Osten abgetrieben wurden – 4,2 Kilometer vom eigentlichen Zielgebiet. Von den näher vor der Küste kreuzenden Zerstörern *USS Satterlee* und *HMS Talybont* aus wurde beobachtet, daß sich die Ranger auf dem falschen Kurs befanden. Auch der Einsatzleiter der Task Force

Unter dem starken Beschuß der Schiffsartillerie hatten die deutschen Soldaten in den teilweise stark beschädigten und halb verschütteten Bunkern Schutz vor den Granaten gesucht. (Im Vordergrund einer der von den Österreichern gemauerten Unterstände. Im Hintergrund der Kirchturm von St.-Pierre-du-Mont – dazwischen ein im Bau befindlicher Bunker mit beschädigter Holzverschalung; siehe Bildausschnitt unten. Bis heute waren weder die Fundamente des im Bau befindlichen Bunkers noch der Unterstand auffindbar.)

Fotos: US National Archives

A, Oberstleutnant Rudder, erkannte dieses, doch hatte sich die kleine Flottille bereits der Steilküste bis auf nur noch etwa einen Kilometer genähert. Der britische Bootsführer des leitenden LCAs, der die dunkle Steilküste ohne scharfe und klar zu erkennende Konturen vorher noch niemals gesehen hatte, war der Meinung gewesen, tatsächlich der Pointe du Hoc entgegenzusteuern – und die Führer der anderen Boote waren ihm gefolgt... Sofort nachdem Rudder erkannt hatte, daß vor ihnen die Landzunge der Pointe et Raz de la Percée lag und nicht die Pointe du Hoc, ließ er den Kurs in westliche Richtung ändern. Schwerfällig drehten die LCAs bei und mußten nun gegen die aus Westen treibende starke Strömung ankämpfen.

Außer der nun noch langsameren Fahrt entlang der Küste und einem damit verbundenen erheblichen Zeitverlust entstand für die Ranger aber noch ein weiteres schwerwiegendes Problem – sie wurden nun von der Küste herab von den vereinzelten deutschen Posten unter Feuer genommen. Da begannen die Soldaten des nahe westlich der Pointe et Raz de la Percée befindlichen Stützpunktes Le Guay die neun Boote mit einer 2-cm-Flak zu beschießen. Ein DUKW wurde von den großen Geschossen erfaßt. Fünf der neun Ranger an Bord wurden verwundet, zwei von ihnen tödlich. Eines der Geschosse traf das schwer beladene Amphibienfahrzeug

Selbst in ihren Bunkern waren die deutschen Soldaten vor den Auswirkungen der schweren Bombardements und dem Beschuß durch die Schiffs-Artillerie nicht sicher.
Fotos: US National Archives

unterhalb der Wasserlinie, und wenige Minuten später war es gesunken. Die *Satterlee* und die *Talybont* leisteten der sich mühsam vorwärts bewegenden Flottille Unterstützung, indem sie die deutschen Verteidigungsstellungen auf der Steilküste unter Feuer nahmen. So gelangten die LCAs und DUKWs in die 400-Yard-Zone *(etwa 365 Meter vom Kliff entfernt)*. Die katastrophale Situation auf den Booten wurde von Rudders Verbindungsoffizier, Leutnant James W. Eikner, beschrieben: „Wasser schöpfen mit den Helmen, einschlagende Geschosse und Übelkeit..., die ganze Zeit lang..."

Um 6:27 Uhr wurde der Beschuß auf die Küste eingestellt *(außer des vereinzelten Feuers von der „Satterlee" und der „Talybont")* – drei Minuten vor der Stunde X der Alliierten. Unmittelbar darauf näherten sich 18 *Marauder*-Bomber der Pointe du Hoc im Tiefflug und luden ihre gefährliche Fracht über dem Stützpunkt ab. Um 6:30 Uhr, jenem Zeitpunkt, an dem die Ranger an der Pointe du Hoc landen sollten, begann die *Texas* nochmals mit dem schweren Beschuß, legte ihr Feuer aber höher, ausschließlich auf das Plateau. Wieder entstand ein Inferno aus Explosionen und Feuer. Der B-Stellen-Bunker wurde nur teilweise beschädigt, die beiden Kasematten, die bereits von etlichen Granaten der Schiffsartillerie getroffen waren, erhielten weitere Nahtreffer. Noch einmal verwandelte sich der Dunst über der Steilküste in eine glühende Feuerglocke. Die heranfahrenden Ranger deuteten zu dem rot flackernden Licht hinüber und sprachen von den „brennenden Felsen der Pointe du Hoc"...

Wilhelm Kirchhoff, der in seiner MG-Stellung unmittelbar am Saum des Plateaus hockte, sagte über seine Situation: „Man konnte von der Pointe du Hoc aus die Mündungsfeuer der Schiffsartillerie weit draußen gut sehen. Als Soldat habe ich mich eigentlich nie ängstlich gefühlt, aber bei dem schweren Trommelfeuer preßte ich mich an den Erdboden, obwohl ich wußte, tiefer hinein geht's ja doch nicht. Aber auch dieses Mal ging der Beschuß meistens über uns hinweg. Doch einige Granaten trafen auch den Rand der Küste und große Erdmassen fielen 'runter…"

41 Minuten nach der geplanten Stunde X erreichten in kurzen Abständen nacheinander die neun LCAs der Ranger endlich den *(zu dieser Zeit bei Ebbe)* nur etwa 20 Meter breiten Streifen Land unterhalb des steilen Kliffs an der Pointe du Hoc – exakt um 7:11 Uhr. Bereits von Beginn an war bei den Rangern nichts nach Plan gelaufen – und so sollte es weitergehen… Sie befanden sich nun in einer gleich aus mehrfacher Hinsicht fatalen Situation: Da durch die Verzögerung nicht um 7:00 Uhr das vereinbarte Erfolgssignal an die auf dem Meer wartende Force C gesandt werden konnte, diese zwar noch 15 Minuten gewartet hatte, war sie im Moment dabei, Plan B auszuführen; so befand sich Rudders Verstärkung gerade auf dem Weg in ihr neues Zielgebiet *Omaha, Dog Green…*

Deutsche Soldaten auf dem Kliff der Pointe du Hoc.
Foto: Archiv von Keusgen

Da der schwere Marine-Beschuß auf die Küste um 6:27 Uhr eingestellt worden war, hatten die deutschen Soldaten auf dem Stützpunkt einige Zeit gehabt, wieder etwas Ordnung in ihre chaotische Situation bringen zu können. Außerdem fanden die Ranger auf dem schmalen Strand keinen geeigneten Landeplatz. Der Marine-Beschuß auf die Küste hatte auch zur Folge gehabt, daß große Stücke aus der Kante des Kliffs herausgebrochen wurden und hinuntergefallen waren. Somit bildeten Massen großer Steine und Gerölls ein weiteres Hindernis. Auch war der Streifen Land zur Zeit des Eintreffens der Ranger, bedingt durch die Ebbe, noch zu breit, um direkt an den Fuß der Steilküste fahren zu können, um in ihrem „toten Winkel" etwas Deckung zu finden.

Ein weiteres Problem ergab sich nun daraus, daß während der beiden vorausgegangenen Bombardements viele Bomben das Plateau verfehlt hatten und vor der Steilküste eingeschlagen waren. In den dadurch entstandenen großen, bis zu mehr als zehn Meter breiten und mehrere Meter tiefen Kratern stand

Bombenkrater vor dem Kliff der Pointe du Hoc – ein weiteres, unerwartetes Hindernis für die Ranger.
Foto: US National Archives

inzwischen hereingesickertes Meerwasser, dessen Tiefe die landenden Ranger nicht erkennen konnten... Und noch etwas verlief nun gänzlich anders, als es geplant war: Die kleine Flottille näherte sich der Pointe du Hoc von Osten her, statt frontal auf sie zuzufahren. Es war aus Gründen der Sicherheit für Boote, Männer und Material nun nicht mehr möglich, daß die drei LCAs der D-Kompanie noch lange um die große, vorgelagerte Klippe und auf die westliche Seite fahren konnten, denn sie wurden bereits vom Stützpunkt aus beschossen.

Hatten viele der Ranger auch geglaubt, daß nach den schweren Bombardements und Beschießungen auf dem Stützpunkt an der Pointe du Hoc kaum noch ein deutscher Soldat in der Lage sein würde, seine Waffe zu bedienen, so war das ein fataler Irrtum...

(Durch die vorhergegangenen Bombardements und den schweren Marine-Beschuß war das 12 Hektar umfassende Terrain an der Pointe du Hoc von insgesamt mehr als zehn Kilotonnen Sprengstoff getroffen worden – die halbe Sprengkraft der Hiroshima-Atombombe „Little Boy" mit 20 Kilotonnen.)

Die Landung

Das erste Boot lief knirschend auf den groben Kies vor dem Kliff der Pointe du Hoc auf – LCA 888 mit Oberstleutnant Rudder, seinem Verbindungsoffizier und 18 Soldaten der E-Kompanie. Die nächsten Boote folgten in kurzen Abständen, und die Rampen fielen herab. In diesem Moment begann *(nach „Utah Beach" und „Omaha Beach")* der dritte amerikanische Angriff von See her *(der eigentlich der erste sein sollte)* – doch die Schwierigkeiten nahmen für die Ranger kein Ende...

Wilhelm Kirchhoff brauchte sich in seiner vorderen Position im Laufgraben nur etwas nach vorn zu beugen, dann konnte er auf den schmalen Streifen Land hinuntersehen: „Die Landungsboote der Amerikaner kamen von rechts heran und waren total vollgepackt mit Soldaten und Material. Als sie ankamen, waren die Wellen sehr hoch und die kleinen Boote schaukelten mächtig...

Die Pointe du Hoc 1944. Die breiteste Stelle bei Niedrigwasser ist jener ausgedehnte Sockel, auf dem sich die Klippe erhebt – etwa bis 35 Meter über dem Meeresspiegel. Da die Ranger nach ihrer Landung so schnell wie möglich die Steilwand des Kliffs erreichen mußten, um etwas Schutz vor dem Beschuß zu finden, landeten die ersten Boote auf dem zwar deutlich schmaleren, aber mit Hindernissen verstellten und mit Minen bestückten Streifen Land links neben der Klippe. (Pfeil links: B-Stelle. Pfeil rechts: Position der 2-cm-Zwillings-Schnellfeuerkanone.) **Foto: M. Houyvet 1952**

Sofort, als sie da unten landeten, fielen die Klappen vorn ´runter und die Soldaten sprangen ´raus. Ein Befehl, zu feuern, war uns gar nicht erteilt worden; als die Klappen der Boote ´runterfielen, haben wir angefangen zu schießen – schließlich kam da unten der Feind... Wir waren in diesem Moment alle sehr aufgeregt, wie aufgezogen. Wir haben mit unseren Maschinengewehren über den Rand der Küste geschossen und konnten sie da unten mit dem MG gut erreichen. Als die Amerikaner aus den Booten wollten, haben wir d´raufgehalten, geradeaus ´runter und direkt von oben hinein – sie waren völlig schutzlos...“

Die von der dreistündigen Schaukelei während der Anfahrt, dem ständigen Wasserschöpfen und der Seekrankheit geschwächten Ranger versuchten nun, im Hagel deutscher Karabiner- und Maschinengewehr-Geschosse so schnell wie möglich die LCAs zu verlassen. Darüber berichtete Wilhelm Kirchhoff: „Ich habe nur mit meinem MG geschossen. Direkt gezielt habe ich gar nicht, nur ´reingehalten.… Die ersten Soldaten, die aus den Booten kamen, sind hingefallen, weil die anderen von hinten so sehr gedrängt hatten... Die Toten schwammen im flachen Wasser, dazwischen Verwundete – ich konnte sie heulen und schreien hören... Die Amerikaner in den ersten Booten haben gar nicht zu uns heraufgeschossen – nur die Schiffsartillerie *(der beiden Zerstörer)*.“

Neben Wilhelm Kirchhoff stand Karl Jagla und schoß mit seinem Karabiner auf den kiesbedeckten Landstreifen hinab. An diesem Tag war sein 20. Geburtstag...

Aus dem fast horizontalen Blickwinkel der Ranger waren die voll Wasser gelaufenen Bombenkrater zuerst nicht als solche erkennbar und wurden unmittelbar nach der Landung zu tückischen Fallen. Etliche der mit ihren Waffen und Ausrüstungen aus den Booten springenden Amerikaner versanken augenblicklich darin. Auf dem schmalen, von Bombenkratern aufgerissenen Streifen Land, gerieten sie in ein Chaos. Die Ranger versuchten zuerst, so schnell wie möglich Deckung in der unmittelbaren Nähe des teilweise vorspringenden Kliffs zu finden. Doch je mehr Zeit verging, um so fataler und gefährlicher wurde ihre Situation. Sie wurden nicht nur direkt von oben mit Handgranaten beworfen, sondern gerieten zunehmend ins Flankenfeuer deutscher Maschinenpistolen und MGs. Auf einer Landzunge der sich mehr als 500 Meter ausdehnenden, leicht sichelförmigen Bucht, an der östlichen Flanke des Pointe-du-Hoc-Stützpunktes, befand sich ein deutscher Außenposten mit einem Maschinengewehr. Er konnte von dort aus fast den gesamten Landebereich der Ranger unter dem Kliff problemlos beschießen. Von der schmalen Landzunge, direkt vor der Klippe, feuerte der Schütze der Zwillings-Flak von der anderen Seite auf die Amerikaner. Ein deutscher Soldat wagte sich noch weiter nach vorn, fast bis an die im Meer stehende Klippe heran, und schoß liegend mit seiner Maschinenpistole auf die schutzlosen Ranger hinab. Inzwischen hatten die bisher auf der westlichen Seite der Pointe du Hoc stationierten MG-Schützen ihre eigentlichen Positionen verlassen und neue Plätze im Laufgraben an der östlichen Seite aufgesucht – dort, wo unter ihnen die Ranger an Land gingen.

Direkt von oben, von links und rechts, prasselten die Projektile auf die Amerikaner hinab. Soldat Sillmon wurde bereits zweimal im Boot verwundet, noch bevor er aussteigen konnte. Während zwei Kameraden ihn dann, so schnell es ging, zum Kliff schleppten, trafen ihn zwei weitere Geschosse. Dann war es den ersten Amerikanern gelungen, bis an die steile Wand des Kliffs zu gelangen, doch nun fielen auf sie nicht nur Handgranaten sondern auch die schweren Großkalibergranaten hinab. Durch ihre starken Explosionen flogen dicke Gesteinsbrocken und undefinierbare, blutige Fetzen bis zu den Laufgräben auf dem Kliff hinauf...

Die ersten Ranger, die das Kliff erreichten, liefen zu der breiten, ausziehbaren Holztreppe, über die man vom Stützpunkt aus auf den Landstreifen vor dem Kliff gelangen konnte. Sofort begannen fünf der Amerikaner, diese Treppe zu ersteigen. Doch als sie fast die Hälfte erreicht hatten, ließen deutsche Soldaten den oberen Teil hinabfallen...

Der Einsatz der DUKWs mit den ausziehbaren Feuerwehrleitern bereitete den Rangern ebenfalls große Schwierigkeiten, denn von den ursprünglich vier Amphibienfahrzeugen hatten nur drei den schmalen Landstreifen neben der Pointe du Hoc erreicht. Zwei von ihnen gerieten jedoch in die großen Bombenkrater und blieben darin stecken. Nur ein einziges der Fahrzeuge gelangte über den steinigen, schlüpfrigen Streifen Land bis in die Nähe des steilen Kliffs und der hohen, vorgelagerten Klippe, dennoch auch nicht ganz heran. Schnell wurde die 33 Meter lange Leiter ausgefahren, an deren Spitze sich ein Zwillings-MG und der Schütze, Unteroffizier William Stivison, befanden. Das DUKW, das auf unebenem Boden in instabiler Position stand, begann jedoch, je weiter die Leiter ausgefahren wurde, immer mehr zu schwanken. Auch kam die Spitze der Leiter derart nahe an die Steilwand heran, daß sie von den Seilen und Zugleinen der dort hängenden Großkalibergranaten behindert wurde. Beim Versuch, den Seilen auszuweichen, geriet die lange Leiter nur noch mehr ins Schaukeln. Um ein Umkippen des DUKWs zu verhindern, mußte sie wieder eingezogen werden. Da die Erstürmung des Stützpunktes an dieser Stelle somit aussichtslos wurde, verlagerte die D-Kompanie ihren Angriff etwas weiter in östliche Richtung.

Zwar konnten inzwischen die Raketenwerfer mit den Enterhaken auf den Landungsbooten abgeschossen werden, doch bedingt durch die zu große Entfernung zur Küste und dem Umstand, daß fast alle Seile naß geworden und folglich schwerer waren, erreichten die großen Haken nicht die obere Kante des Kliffs und fielen bereits vorher wieder herab. Nur von einem einzigen Boot gelangten fünf Haken bis zum Kliff hinauf. So begannen die Ranger mit ihren tragbaren Werfern die kleineren Haken nach oben zu schießen. An die Haken hatten sie brennbares Material gebunden, das unmittelbar vor dem Abschuß angezündet wurde. Damit wollten sie den Eindruck erwecken, daß es sich um irgendwelche explosiven Dinge handelte, die auf das Kliff geschossen wurden und die Deutschen sich aus Furcht nicht herantrauen sollten, um die Seile abzuschneiden. Einige der Haken fanden keinen Halt und fielen zurück, andere prallten vom steinigen Rand ab, doch nach und nach blieben immer mehr von ihnen in den Drahtverhauen hängen.

Einige Ranger versuchten gleichzeitig und ohne Seile, frei kletternd, das steile Kliff zu erklimmen. Dazu verwendeten sie ihre kurzen Dolche doch sie kamen nicht weit. Von den insgesamt 48 abgefeuerten Enterhaken hatten nur 22 den oberen Rand der Steilküste erreicht und sich im Stacheldraht, dem Gestein oder im Erdreich verhakt.

Inzwischen waren immer mehr deutsche Soldaten im vorderen Graben erschienen, warfen weitere Handgranaten, sogar schwere Gesteinsbrocken zu den Rangern hinab und schnitten eilig die Seile von den Enterhaken los, die sich im

Die Ranger hatten in Großbritannien oft die Ersteigung einer Steilküste geprobt, jedoch stellte sich dieses Unternehmen in der Normandie und unter heftigem Beschuß als sehr viel problematischer heraus.

Foto: US National Archives

Stacheldraht verfangen hatten und an denen die ersten Ranger hingen… Einige der Amerikaner waren an den nassen, schmierigen Seilen schon fast bis zur oberen Kante des Kliffs geklettert, aber da sie von einem Handgriff zum nächsten immer wieder etwas herabglitten, hatten sie zuletzt keine Kraft mehr in den Händen und rutschten wieder auf den Boden hinab – und verbrannten sich durch die Reibung die Handflächen. Harry W. Roberts von der E-Kompanie war bis auf nur noch sechs Meter vom oberen Rand des Kliffs hinaufgeklettert, als sein Seil gekappt wurde. Während er, noch das Seil umklammernd, an der schroffen Steilwand 26 Meter tief hinunterfiel, stieß er mehrmals daran an. Mit zerrissener Uniform schlug er auf den groben Kies auf. Trotz nicht unerheblicher Blessuren rappelte sich Roberts auf, humpelte zu einem anderen Seil und kletterte noch einmal hinauf, erreichte das Plateau – und wurde gefangengenommen.

Unteroffizier Rudolf Karl hatte seine Soldaten in den Unterstand geschickt, damit sie vor dem Beschuß der beiden nahe vor der Küste kreuzenden Zerstörer Deckung fanden. Der Unteroffizier hatte nur ein paar Männer nach vorn *(nahe der vorgelagerten B-Stelle)* mitgenommen: „Von der Spitze aus haben wir Handgranaten hinabgeworfen – bis wir keine mehr hatten… Die Wirkung zwischen den Amerikanern unten am Strand war verheerend. Sie hatten dort keinerlei Deckung…"

Wilhelm Kirchhoff erzählte über die Verteidigung des Kliffs: „Unsere Funker und Fernmelder standen auch vorn im Graben und haben mit ihren Karabinern 'runtergeschossen. Ich habe immer nur mit meinem MG gefeuert, aber gesehen, wie andere Handgranaten 'runterwarfen… Und es waren auch noch Granatwerfer am Schießen; sie standen ziemlich weit vorn und haben direkt vor mir unten auf den Strand geschossen.

Als es losgegangen war, hatten bei mir fünf Kisten mit MG-Munition gestanden; die hatte man immer da stehen. Ich hab' im Graben gestanden und mein MG unter den Arm genommen. Ich weiß nicht, wie viele Schüsse ich abgegeben habe, und wo der Kunze die vielen Patronenkästen hergeholt hat, weiß ich auch nicht. Man hat ja immer so einen Schub auf ein Boot gefeuert, dann erstmal eine kurze Pause gemacht, und dann wieder weiter…

Nicht weit links von mir ist plötzlich so ein Enterhaken gelandet, den die Amerikaner 'raufgeschossen haben. Aber dann ist einer von den Artilleristen hingekrochen und hat das Seil abgeschnitten…

Die Amerikaner versuchten zuerst, zu uns 'raufzukommen, aber es gelang ihnen nicht – sie sind alle unten am Strand geblieben. Sie haben es immer wieder versucht…"

Leonard G. Lomell, der 24-jährige Führer des 2. Zuges seiner D-Kompanie, berichtete über seinen Weg vom LCA bis auf das Kliff: „Mit einer Schußverletzung in meiner rechten Seite war ich von der Rampe in einen Unterwasser-Bombenkrater getreten, den ich vorher nicht sehen konnte. Ich kletterte mit Hilfe meiner Männer, die ich nach der nassen Landung ans Ufer leiten wollte, aus dem Wasser, kalt und naß. Meine rechte Seite brannte und schmerzte durch die Verwundung; meine Arme hatte ich immer noch voller Gefechtszubehör. Wir stürzten uns eilig auf die nächsten Seile und kletterten, so schnell wir konnten, hinauf."

Leonard G. Lomell. Als 24-jähriger Oberfeldwebel leitete er den 2. Zug der D-Kompanie des 2. Ranger-Bataillons (Foto 1945).
Foto: Kollektion L. G. Lomell

Ergänzend schildert der Chef der E-Kompanie, Oberleutnant Theodore E. Lapres: „Es war, als würde man durch ein Gerüst aus Feuer laufen. Wir wurden die ganze Zeit beschossen, während wir an dem Kliff emporkletterten..."

Über den Aufstieg am Kliff sagte Leonard G. Lomell: „Die Deutschen warteten darauf, unsere Seile zu zerschneiden, warfen Handgranaten auf uns und schossen uns von den Seilen – was ihnen mit einigem Erfolg gelang...

Es waren nur 22 von uns Rangern in unserem kleinen, britischen LCA gewesen. Wir waren alle innerhalb von 15 Minuten die Klippen hinaufgeklettert... ab dem Zeitpunkt unserer Landung bis zum Erklimmen der Pointe waren nicht mehr als 15 Minuten vergangen – landen und die Seile hochklettern..."

Dennoch herrschte unter dem Kliff das Chaos. Immer wieder wurden von oben Handgranaten herabgeworfen, mit Karabinern und Maschinengewehren hinabgeschossen. Besonders gefährlich blieb auch der MG-Außenposten in seiner fast 500 Meter entfernten Position auf dem Rand der Steilküste. Unentwegt prasselten die Geschosse auf die Ranger herab, krepierten Handgranaten und fetzten Stahlsplitter umher. Die schon während der ersten Phase des Angriffs der Ranger abgeworfenen Großkalibergranaten hatten unmittelbar vor dem Kliff weitere tiefe Trichter gesprengt – aber auch breite Nischen in die Steilwand, in die sich viele der völlig durchnäßten und verdreckten Ranger preßten, um Deckung zu suchen. Das Abwehrfeuer der deutschen Soldaten war derart stark, daß es den Amerikanern unmöglich war, von ihren Granatwerfern Gebrauch zu machen. Den wenigen Schüssen, die von den Rangern auf den Rand der Anhöhe abgegeben werden konnten, fielen einige Deutsche zum Opfer; mehrere von ihnen stürzten auf den Kiesstreifen vor dem Kliff hinab. Die Sanitäter der Ranger waren bemüht, in dem Kugelhagel, der auf die Amerikaner niederging,

Sanitäter bei der Erstversorgung verwundeter Ranger auf dem infolge der auflaufenden Flut ständig schmaler werdenden Kiessaum – bis sie das Kliff erreicht...

Tote Ranger und deutsche Soldaten unter dem Kliff – herabgestürzt, erschossen und Opfer von Handgranaten.

Fotos: US National Archives

ihre Verwundeten zu bergen und notdürftig zu versorgen. Ein Arzt kümmerte sich um die Schwerverwundeten. Andere versuchten, Ausrüstungen und Munition von den Landungsbooten zu holen. Ein erstes LCA, das noch nicht einmal gänzlich entladen war, verließ die Bucht und fuhr wieder zurück – mit nur einem Verwundeten an Bord. Währenddessen standen mehrere Ranger an den vom Kliff herabhängenden Seilen, und einer nach dem anderen mußte hinaufklettern. Hauptmann Otto Masny lief an der Steilwand entlang und spornte seine Männer von der F-Kompanie an, erteilte Anweisungen und sprach ihnen Mut zu. An anderer Stelle stürzten gleich mehrere Ranger wieder herab, da deutsche Soldaten ihre Seile gekappt hatten.

Während des schweren Marine-Beschusses war auch der im östlichen Stützpunktbereich befindliche Bunker mit dem 3,7-cm-Flak-Stand von mehreren großkalibrigen Granaten der Schiffsartillerie getroffen und völlig aufgerissen worden. Einige Granaten waren dicht neben dem Bunker an der Kante des Kliffs eingeschlagen und hatten somit eine 17 Meter breite Einbuchtung in den Rand der Steilküste geschossen. Das Erdreich war eingebrochen, lawinenartig an der steilen Wand herabgerutscht und bildete somit einen schrägen Hang – einer Rampe ähnlich. Über diesen Erdrutsch, der fast bis zur halben Höhe des Kliffs reichte, gelang es nun einem großen Teil der Ranger, mittels Seilen, Enterhaken und der zusammensteckbaren Leitern, die breite Einbuchtung zu erreichen. Der

Trotz der im Lauf der Zeit stattgefundenen Abbrüche des Kliffs durch Erosion ist noch heute jene breite Bucht zu sehen, in der es den Rangern gelang, den oberen Rand zu erreichen (rechts). Direkt vor dem Flak-Stand und dem angrenzenden, aufgerissenen Westwall-Bunker (Bildausschnitt links) errichtete Oberstleutnant James E. Rudder seinen provisorischen Gefechtsstand. **Fotos: von Keusgen 2005**

schwere Granatbeschuß hatte an dieser Stelle nicht nur bewirkt, daß Massen des steinigen Erdreichs herausbrachen, sondern auch die Aufgabe der 3,7-cm-Flak-Stellung durch ihr Bedienungspersonal. Eine in seiner Nähe befindliche MG-Stellung wurde dabei ebenfalls völlig zerstört. Außerdem legte die explosive Kraft einen Teil des direkt daneben befindlichen Westwall-Mannschaftsbunkers frei, der sich genau an dieser Stelle, unmittelbar neben dem Flak-Stand, befand. Durch eine weitere Explosion wurde die zum Meer gerichtete Stirnseite des wenig widerstandsfähigen Bunkers aufgerissen. Alle deutschen Soldaten, die in ihm Schutz vor dem Granatbeschuß gesucht hatten, wurden augenblicklich Opfer der starken Druckwelle.

Als Oberleutnant Theodore E. Lapres, Zugführer der E-Kompanie, mit seinen jungen, zwar durchtrainierten aber kampfunerfahrenen Soldaten, an dieser Stelle mit dem Aufstieg beginnen wollte, ereignete sich oben, am Rand des Kliffs, eine weitere starke Explosion. Eine neue Geröll-Lawine rutschte auf die Ranger herab. Einer der Amerikaner wurde fast gänzlich darunter begraben, viele verletzt. Dann kletterten die Ranger zum Plateau hinauf. Auf dem unebenen, von Granaten aufgewühlten, blutgetränkten Kiessaum vor dem Kliff, der durch die steigende Flut ständig schmaler wurde, blieben von ihnen 15 Tote und etliche Schwerverwundete und Verwundete sowie einige Sanitäter zurück. Dazwischen lagen die zerschmetterten Körper herabgestürzter deutscher Soldaten.

Abzeichen der Ranger am linken Ärmeln ihrer Kampfanzüge.
Foto: Archiv von Keusgen

Helm eines Rangers des 2. Bataillons.
Foto: Archiv Éditions Heimdal

Stielhandgranate (StiGr) 39
Durchmesser 70 mm
Länge: 40,6 cm
Gewicht: 0,624 kg
Sprengstoff: TNT
Verzögerung: 4 – 5 Sek.
Abbildung: Archiv von Keusgen

Durch den schweren Granatbeschuß der Steilküste lösten sich große Teile des Kliffs, stürzten herab und bildeten somit eine schräge Rampe (rechts), über die es den Rangern einfacher gelang, die am oberen Rand der Küste entstandene Einbuchtung zu erreichen (links).
Fotos: US National Archives

Der blutige Weg der Task Force B und Task Force C

Die Task Force B war inzwischen mit ihren Booten von Beginn an planmäßig in Richtung *Omaha Beach* Sektor *Dog Green* unterwegs. Die Aufgabe der C-Kompanie des 2. Ranger-Bataillons bestand darin, dort bis 8:30 Uhr die A-Kompanie des 116. Regiments der *(völlig kampfunerfahrenen)* 29. US-Infanterie-Division an der äußersten rechten Flanke des amerikanischen Landeabschnitts zu unterstützen und mit ihr vor Vierville-sur-Mer an Land zu gehen…

Die Task Force C, die Hauptkampftruppe der Ranger, die vergeblich und 15 Minuten länger als vereinbart auf Rudders Erfolgssignal von der Pointe du Hoc gewartet hatte, bewegte sich nun ebenfalls in Richtung *Omaha Beach ("Omaha" war neben "Utah" der zweite Landeabschnitt der Amerikaner und schloß auch den strandlosen Bereich der Pointe du Hoc auf der Grenze der Sektoren "Baker" und "Charlie" mit ein – hingegen bildete "Omaha Beach" lediglich einen 6 Kilometer langen Strandbereich mit den drei Sektoren "Dog", "Easy" und "Fox").* So hing für die Task Forces B und C alles von der Kampfkraft der A-Kompanie des 116. Infanterie-Regiments ab, das mit Unterstützung etlicher Schwimm-Panzer *(Sherman Duplex Drive)* des 743. Panzer-Bataillons den Strandausgang D-1 *(Dog)* vor Vierville erobern sollte…

Die Ranger der C-Kompanie der Force B waren noch sehr zuversichtlich, als sie sich in ihren beiden Landungsbooten der Küste näherten. Im Schutz des schweren Marine-Bombardements äußerten ein paar Soldaten, sie seien der Meinung, daß es ein Leichtes wäre, in *Dog Green* zu landen. In einem der LCAs sangen einige nicht seekranke Soldaten ein Lied zu Ehren des dritten Hochzeitstages ihres Unteroffiziers Walter Geldon und prosteten

Verwundete Infanteristen und Ranger unter dem Kliff an der westlichen Flanke des "Omaha Beach". Jene, die man nicht schnell genug (bis 11:00 Uhr) abtransportieren konnte, wurden Opfer der noch immer steigenden Flut.

Foto: US National Archives

sich zu. Doch als sie planmäßig um 6.45 Uhr am äußeren Rand des *Omaha Beach* ankamen, war die A-Kompanie der Infanteristen des 116. Regiments vom deutschen Abwehrfeuer der Widerstandsnester 71, 72 und 73 schon am Wassersaum fast gänzlich ausgelöscht worden. Auf dem bereits vom schweren Granatfeuer völlig verwüsteten Strand lagen nur 15 Minuten nach der Stunde X Massen gefallener und verwundeter GIs. In der wegen der Ebbe noch fast 500 Meter von der Küste entfernten Brandung dümpelten die ersten halb zerrissenen Landungsboote. Dazwischen standen brennende Panzer. Nur wenige GIs hatten den Küstensaum erreichen können. Die nächsten landenden US-Truppen befanden sich zwei Kilometer weiter östlich, im Abschnitt *Dog White*…

Dann rutschte das erste LCA der Force B auf den breiten Strand. Die Rampe fiel auf den Sand herab – und die Ranger des Leutnants Gerald Heaney gerieten in eine Apokalypse: „Überall um mich herum lagen plötzlich Tote und Verwundete…"

Das zweite Boot wurde von drei Artillerie-Granaten getroffen. Die erste riß die stählerne Rampe des LCAs ab, die beiden anderen zerfetzten die Backbord-Flanke des kleinen, hölzernen Landungsbootes. Das Wasser begann sich rot zu färben…

Feldwebel Sidney Salomon verließ als erster sein Boot. Er sprang sofort nach rechts hinaus. Das kalte Wasser, in das er sprang, reichte ihm bis zur Schulter. Einen Moment später zog er in dem Chaos, in das alle geraten waren, geistesgegenwärtig Unteroffizier Oliver Reed unter der stählernen Rampe des LCAs hervor. Als Salomon dann endlich die Steilküste erreicht hatte, blickte er zurück:

„Körper lagen dort, wo sie hingefallen waren. Ausgetretenes Blut versickerte überall im Sand. Die Verwundeten krochen, sofern sie konnten, vorwärts..."

Im Hagel der MG-Geschosse rannten die Ranger durch das Sperrfeuer deutscher Küsten-Batterien *(die aus dem Hinterland feuerten)* und verbunkerter Kanonen *(direkt am Küstensaum)*. Dann erreichten die ersten von ihnen das bis zu 29 Meter hohe Kliff am westlichen Ende des *Omaha Beach*, doch 15 der Ranger blieben auf dem Strand zurück – auch Walter Geldon; er starb an seinem dritten Hochzeitstag.

Von der C-Kompanie gelang es nur 31 Männern, die etwas vor dem Beschuß schützende Steilwand zu erreichen – von den nur wenige Minuten zuvor noch 68 Rangern waren 18 verwundet und 19 gefallen. Der geplante Strandausgang D-1 vor Vierville war den Amerikanern versperrt geblieben *(noch bis 17:00 Uhr)*. Da die Funkgeräte bei der Landung verlorengegangen waren oder zerstört wurden, blieb die C-Kompanie von nun an ohne Verbindung zu den anderen Einheiten.

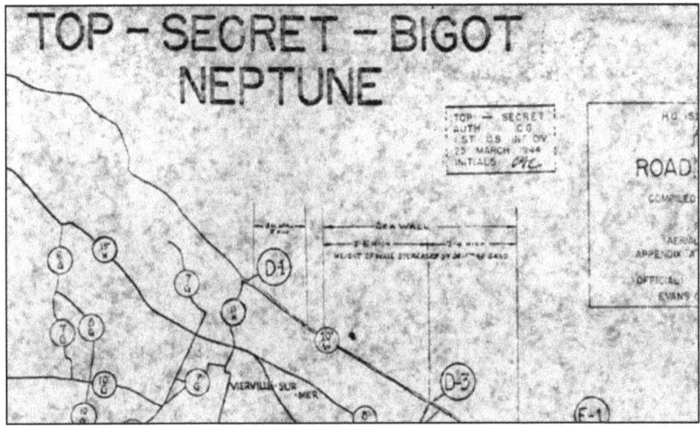

Abbildung rechts: Ausschnitt aus einem Landeplan der Alliierten: Der westliche Sektor des "Omaha Beach" mit den eingezeichneten Strandausgängen. Unweit westlich D-1 befand sich ein erst 1930 erbautes, festungsähnliches Anwesen auf dem Kliff (roter Kreis und siehe Bild unten), in dessen Nähe ein Teil der Ranger landete. (BIGOT bedeutete, daß diese Pläne noch eine Geheimhaltungsstufe höher bewertet wurden, als jene mit "top secret" gekennzeichneten.)

Abbildung: US National Archives

230 Meter vom Taleingang in westliche Richtung entfernt stand in einer breiten Nische des Kliffs der Rest eines großen, festungsähnlichen Anwesens. Dahinter verbarg sich das Widerstandsnest 73. Da das Bauwerk bereits während des schweren 32-minütigen Trommelfeuers der Schiffsartillerie auf *Omaha* auch einige Treffer erhalten hatte, befanden sich zu dieser Zeit keine deutschen Soldaten mehr in der von Trümmern verwüsteten Ruine. Am steilen Hang

Hinter der Ruine des erst 14 Jahre alten Anwesens am oberen Rand der Steilküste, unweit westlich Vierville und dem Strandausgang D-1, verbarg sich das Widerstandsnest 73. (Auf dem Bild sind die Einschüsse der großkalibrigen Granaten der Schiffsartillerie an der Frontmauer deutlich zu erkennen. Wegen drohender Einsturzgefahr mußte das große Gebäude Ende der 90er Jahre abgerissen werden.)

Foto: von Keusgen 1991

herabgerutschte Balken und Massen von Gestein boten auch hier den Rangern die Möglichkeit, mehr als die Hälfte der Steilküste leichter zu ersteigen.

Während die Verwundeten noch versorgt wurden, begannen die ersten Amerikaner mit dem Aufstieg am Kliff. Unter Zuhilfenahme ihrer spitzen Dolche, die sie als Fußstützen in den schrägen Abhang aus porösem Kalkgestein rammten, gelangten bald die ersten vier Ranger bis zum vorderen, unteren Teil des Anwesens, das bis fast zu einem Drittel in die hohe Nische der Steilküste hinabreichte. Von dort aus drangen die Amerikaner dann schnell in die Ruine und hinter ihr in den Stützpunkt ein. Dabei wurde Leutnant William Moody von einem deutschen Soldaten in den Kopf geschossen. Daraufhin gingen die Amerikaner mit Phosphorgranaten gegen die Verteidigungspositionen im WN 73 vor. Mehrere deutsche Soldaten verließen brennend und vor Schmerz schreiend die Unterstände und wurden von den Rangern erschossen.

Um 7:30 Uhr hatte der gesamte, noch einsatzfähige Rest der C-Kompanie das Plateau erreicht. Feldwebel Sid Salomon erklärte: „Nur 9 Mann waren mir geblieben, von den 37 in meinem Boot..."

Um 7:45 Uhr trafen die ersten LCAs der eigentlichen Hauptkampftruppe der Ranger im Abschnitt *Omaha Beach* ein – die Task Force C mit den Kompanien A und B des 2. Bataillons und dem gesamten 5. Bataillon. Sie wollten fast einen Kilometer weiter östlich als die Force B landen, auf der Grenze der Zonen *Dog Green* zu *Dog White*. *(Nach dem Zeitplan der Alliierten sollten die Strandausgänge ab 7:30 Uhr geöffnet sein, und die Küste bereits von den eigenen Truppen beherrscht werden.)*

Als sich die fünf Boote der Kompanien A und B dem an dieser Stelle noch 350 Meter breiten Strand näherten, stellten die Soldaten fest, daß vor ihnen ganz offensichtlich noch niemand gelandet war – und von nirgendwo wurde auf diesen Bereich gefeuert. Hauptmann Dick Merrill, Chef der A-Kompanie, rief seinen Männern zu: „Kameraden, das wird eine widerstandslose Landung!"

In diesem Moment lief das erste Boot der B-Kompanie auf eine Mine. Zwei Männer wurden durch die Explosion sofort getötet.

Dann ließen die Bootsführer die Rampen der anderen LCAs herunterfallen – und die Deutschen begannen zu feuern... Die Ranger liefen Deckung suchend von Strandhindernis zu Strandhindernis, warfen sich hinter ihre eigenen, gerade gefallenen Kameraden. *(Es dauerte eine halbe Stunde, bis die überlebenden Ranger dieser beiden LCAs den Küstensaum erreichen konnten. Von insgesamt 136 Offizieren und Soldaten der Kompanien A und B überlebten nur 62.)*

Die 136 Ranger der Kompanien A und B der Task Force C wurden unmittelbar nachdem ihre Landungsboote die Frontklappen herunterfallen ließen von Soldaten des WN 68 unter heftigen Beschuß genommen – nur 62 der Ranger überlebten.
Foto: Archiv Gerstenberg

Major Max Schneider beobachtete das Desaster der beiden Kompanien des 2. Bataillons am blutigen Strand von seinem LCA aus. Um nicht auch derartige Verluste unter seiner 450 Mann starken Truppe zu erleiden, dirigierte er seine kleine Flottille von 20 Booten weiter nach Osten, in den Sektor *Dog Red* – noch weiter von der Pointe du Hoc entfernt... Infolge dieser Maßnahme verlor das 5. Bataillon bei seiner Landung lediglich sechs Männer. Um 9:00 Uhr war es den Rangern gelungen, den Strand zu verlassen. *(Die insgesamt drei Ranger-Kompanien des 2. Bataillons, die am „Omaha Beach" landeten, hatten annähernd doppelt so viele Verluste wie jene drei Kompanien, die den Stützpunkt Pointe du Hoc einnahmen. Die meisten der Ranger hatten an diesem Tag zum ersten Mal im Feuer gestanden...)*

Zu dieser Zeit begannen auch die restlichen, noch einsatzfähigen Männer der Kompanien A und B den schrägen Hang der *Omaha*-Küste zu ersteigen. Dann zogen sie langsam über Vierville in Richtung der noch sieben Kilometer entfernten Pointe du Hoc...

Der Auftrag der Ranger

Als die ersten Ranger das Plateau an der Pointe du Hoc erreichten, betraten sie eine von Bomben und Granaten zerrissene Mondlandschaft. Doch war für sie gerade dieser chaotische Zustand des Stützpunktes äußerst begünstigend, um Deckung zu finden – für ihren Kontakt und die Kommunikation untereinander war die Situation jedoch äußerst nachteilig. Da die Ranger das Kliff an diversen, weit voneinander entfernten Stellen erklommen hatten, war ihre Truppe nun völlig auseinandergerissen. Folglich ergab sich das Problem, bei Begegnungen mit anderen Soldaten, augenblicklich zu realisieren, ob es sich um die eigenen Leute oder um Gegner handelte. So schritten sie, einzeln und in kleinen Gruppen, in gebückter Haltung durch die verwüsteten Gräben und kletterten vorsichtig von einem Krater in den nächsten, um nach den vermeintlichen sechs 15,5-cm-Kanonen zu suchen. Während deutsche Soldaten noch vorn, am Kliff, bemüht waren, heraufkletternde Ranger abzuwehren, hatten Lomell und seine Männer sie bereits umlaufen. Die ersten Ziele der Ranger waren die Feuerleitstelle, die Kasematten und die Ringstellungen. Auf ihrem Weg durch die Gräben und vorbei an den Unterständen, in die sich viele der Deutschen wegen des Granatfeuers der Zerstörer zurückgezogen hatten, mußten die Ranger mehrere kurze Feuergefechte austragen. Lomells Gruppe, die sich bei ihrer Suche nach den Kanonen auf der westlichen Seite des Stützpunktes bewegte, wurde von der Mannschaft der 8,8-cm-Flak entdeckt. Sofort eröffnete sie im Horizontalbeschuß aus einer Entfernung von wenig mehr als zweihundert Meter das Feuer auf die Ranger.

Oberfeldwebel Lomell schilderte diese Momente: „Wir eilten und kämpften uns, so schnell wir konnten, durch das Kleinwaffenfeuer der Nazis zu den Plätzen der drei Kanonen Nummer 4, 5 und 6, die unsere Hauptziele an der Westflanke der Pointe du Hoc waren. Wir setzten unsere Kämpfe mit dem Feind fort, indem wir uns von Bombenkrater zu Bombenkrater bewegten... Diese Festung hatte unterirdische

Nur einzeln oder in kleinen Gruppen bewegten sich die Ranger auf dem völlig verwüsteten Gelände des Stützpunktes – von Bombenkrater zu Bombenkrater, von einem Loch zum nächsten...

Foto: US National Archives

Tunnels, Truppenquartiere, Beobachtungsposten und vieles mehr. Die Deutschen knallten oft erfolgreich mit ihren Waffen auf uns, wo wir es am wenigsten erwarteten. Wir bewegten uns sehr schnell, um Scharfschützen- und Maschinengewehrfeuer sowie dem Flak-Feuer auszuweichen, was schneller und schneller zu einem ernsten Problem wurde. Wir neutralisierten auf unserem Weg eine Nazi-Maschinengewehr-Position an der Spitze und legten vorübergehend die Fliegerabwehr-Position still *(die östliche der beiden 2-cm-Flaks)*, um in unserem schnellen Angriff auf den Feind nicht aufgehalten zu werden.

Wir erreichten unser erstes Objekt innerhalb von ein paar Minuten nach dem Angriff; nur die drei Kanonen waren nicht in ihren Positionen, wie der Nachrichtendienst es uns seinerzeit berichtet hatte. Wie wir sehen konnten, waren da überhaupt keine Kanonen auf dem großen Gelände der Festung Pointe du Hoc, obwohl der französische Untergrund dem Nachrichtendienst versichert hatte, daß große Kanonen Monate vor dem D-Day dorthin gebracht worden wären; jedoch waren die Ranger niemals anders informiert. Telefonmaste oder irgendwelche ähnlichen Pfosten waren dort von Tarnnetzen eingehüllt. Während dessen bekamen wir deutsches Granatwerfer- und schweres 88-mm-Artilleriefeuer *(gemeint ist die 8,8-cm-Flak im Horizontalbeschuß)* und Kleinwaffenfeuer im Rücken. Die Nazis versuchten, uns von den Klippen zu blasen."

Ein Ranger in einer der zerstörten Ringstellungen: Telegrafenmaste statt Kanonen. Man fragte sich, ob all die großen Anstrengungen vergebens waren... **Foto: US National Archives**

Vorn, im Laufgraben, am Rand des Plateaus, standen noch immer etliche deutsche Soldaten – auch die Männer des Werfer-Regiments. Wilhelm Kirchhoff stellte die Situation an der Pointe du Hoc am Morgen des 6. Juni aus seiner Sicht dar: „Die Amerikaner gaben es wohl irgendwann auf, heraufzuklettern und hielten sich nur noch unten, nahe der Steilwand, im toten Winkel auf, so daß wir sie nicht sehen konnten – und nicht beschießen. Sie waren da unten ruhig. Ich glaube, die haben sich nur noch an die Wand geklemmt. Nur gelegentlich schossen ein paar Amis zu uns 'rauf, aber uns zu treffen, war für sie sehr schwer... Die toten Amerikaner sind noch lange im Wasser herumgetrieben... Dann haben die Kriegsschiffe wieder ein paar Granaten auf unsere Stellung geschossen, direkt auf die Kante der Steilküste. Wir zogen uns dann etwas zurück. Es lief überhaupt alles durcheinander, und es gab gar keine richtige Ordnung mehr... Bis dahin feuerte ich etwa zehntausend Schüsse ab. Ich mußte die beiden Läufe, die jeder MG-Schütze zur Verfügung hat, mehrmals wechseln. Der Mündungsfeuerdämpfer war manchmal rotglühend..."

Die einzelnen Gruppen der Ranger waren jeweils mit einer speziellen Aufgabe betraut. Es war nun wichtig, so schnell wie möglich die 15,5-cm-Kanonen zu finden, denn schließlich konnten diese jeden Moment beginnen, die Landestrände „Utah" und „Omaha" zu beschießen. Außerdem mußte die Feuerleitstelle ausgeschaltet werden. Wenn diese Aufträge ausgeführt waren, sollten sie sich nahe östlich des Stützpunkt-Eingangs versammeln. Von dort aus sollten die D- und die F-Kompanie sowie der größte Teil der E-Kompanie auf der Küstenstraße in Richtung Grandcamp weiter vorstoßen. Soldaten der D-Kompanie mußten auf dem Zufahrtsweg von der Küstenstraße zur Pointe du Hoc eine Straßensperre errichten, um damit zu verhindern, daß deutsche Truppen zum dortigen Stützpunkt gelangen könnten. Der Rest der E-Kompanie sollte auf der Küstenstraße, 1.200 Meter von der Pointe du Hoc entfernt, eine Barrikade errichten und gegen eventuelle deutsche Truppenbewegungen in Richtung Grandcamp verteidigen. Zwei Gruppen der E-Kompanie und die Stabs-Truppe mußten auf dem Pointe-du-Hoc-Stützpunkt verbleiben, um die eingenommene Position zu halten.

Eine Geschützattrappe in der Ringstellung Nr. 3, dahinter die eingebrochene Verschalung der im Bau befindlichen Kasematte Nr. 3 (im Hinter grund der im östlichen Stützpunktbereich befindliche Unterstand mit der Stellung für die 3,7-cm-Flak).
Foto: US National Archives

Inzwischen war es Oberfeldwebel Lomell und noch 11 weiteren Soldaten seines Zuges gelungen, auf dem Hauptweg bis zum Eingangsbereich des Stützpunktes vorzudringen. Lomell sagte über die Situation, in der er sich befand: „Wir zogen uns schnell aus dieser Position heraus, in der Hoffnung, die vermißten Kanonen lokalisieren zu können – mit der Überlegung, daß sie in einer anderen Position im Hinterland wären, und daß wir sie bald schießen hören würden. Aber es kam nicht so..."

Über die im Hohlweg stationierten 15,5-cm-Kanonen sagte Louis Le Devin, der nur 1.350 Meter südlich von ihrem Standort entfernt wohnte: „Mit den Kanonen wurde von den Deutschen am 6. Juni nicht geschossen, wir hätten es hören müssen..."

Lomell erzählte weiter: „Wenig später erkämpften wir uns unseren Weg etwa eine Meile landeinwärts zur Küstenstraße – ungefähr eine Stunde. Mir waren nur ein Dutzend Männer geblieben; einige von ihnen waren leicht verwundet, aber immer noch kampftauglich. Zehn von den ehemals 22 Rangern in meinem Boot waren getötet worden oder sehr schwer verwundet und konnten nicht mehr kämpfen. Wir hatten immer noch nicht die Kanonen gefunden und auch keine Idee, wo sie sein könnten. Es schien mir so, als wären wir im dämmrigen Morgenlicht von Nazi-Truppen umgeben, und diese zahlenmäßig überlegen... Dann waren wir hinter ihrer zweiten Verteidigungslinie. Glücklicherweise hatten die Deutschen keine Ahnung, daß wir mitten unter ihnen waren, um nach den vermißten Kanonen der Pointe du Hoc zu suchen..."

Lomell zog mit seiner kleinen Gruppe auf dem Zufahrtsweg vom Stützpunkt an den Resten des ehemaligen Guelinel-Anwesens vorbei. Etwa 50 Meter südlich der Ruine ließ er dann von 10 Männern seiner Gruppe auf diesem Weg eine kleine Straßensperre errichten. Seine Leute sollten sie, sofern nötig, verteidigen. Leonard G. Lomell sagte dazu: „Ich ließ alle meine Männer, außer Unteroffizier Jack Kuhn, zurück, um eine Straßensperre zu errichten und alle deutschen Einrichtungen zu zerstören, die man finden konnte. Unteroffizier Kuhn und ich begannen springend, auffälligen Wagenspuren südlich der Küstenstraße, nahe eines tiefergelegenen Bauernhofes, ins Hinterland zu folgen – zwischen hohen Hecken und Bäumen. Wir hatten keine Ahnung, was sie *(die Spuren)* zu bedeuten hatten. Wir kamen zu einem kleinen Ziehbrunnen in einer Apfelplantage. Dort standen fünf der großen Kanonen, abgedeckt mit Netzen; ihre Rohre zeigten über unsere Köpfe. Wir konnten von unseren Handgranaten keinen Gebrauch machen *(bei der Zerstörung der Geschütze)*, damit konnte man sie *(die Rohrmündungen)* nicht erreichen. Nirgendwo gab es einen Granattrichter oder Bombenkrater, so daß wir uns die großen Kanonen in ihren Positionen näher *(in Ruhe)* ansehen konnten. Ich sah die Kanonen an ihrem Platz stehen, mit Zielrichtung Utah Beach und fertig zum Gebrauch. Die Nazi-Geschützmannschaft konnte leicht die Kanonen herumdrehen, um auf Omaha Beach zu feuern, wenn es notwendig wäre. Wir fanden die fünf großen Kanonen etwas mehr als eine Meile von jenem Ort entfernt, an dem wir gelandet waren.

Eins der drei noch intakten 15,5-cm-Geschütze in seiner provisorischen Stellung im Hohlweg.

Foto: US National Archives

Ungefähr 100 Yards *(zirka 90 Meter)* entfernt sprach ein deutscher Offizier zu etwa 75 Männern – wahrscheinlich seine Geschützmannschaft. Ein paar Minuten zuvor hatten Unteroffizier Kuhn und ich weitere vierzig bis fünfzig Deutsche entdeckt; eine Gefechtspatrouille in etwa 100 Yards in entgegengesetzter Richtung. Sie gingen etwa 200 Feet *(zirka 60 Meter)* von uns entfernt auf ihrem Weg an uns vorbei, um zu den anderen deutschen Truppen zu gelangen... Wir dachten, die Deutschen könnten eine umherstreifende Patrouille haben, die einen vorteilhafteren Platz sucht, um dann so schnell wie möglich zurückfeuern zu können. Ich konnte sehen, daß niemand ein sitzendes Ziel sein wollte, um die Kanonen zu bewachen. So sagte ich zu Jack, er sollte mir Deckung geben, während ich die Apfelplantage außerhalb der Sicht der deutschen Soldaten betrat, um die großen Kanonen der Pointe du Hoc kampfunfähig zu machen."

Bei den Geschützen waren weder Wachtposten aufgestellt, noch befanden sich bei ihnen Kanoniere. Benno Müller erzählte über die Geschützmannschaft, die sich in einiger Entfernung ihrer Kanonen und außerhalb des Hohlweges befand: „Die konnten doch gar nicht mehr schießen; die waren doch alle völlig betrunken... Wir wußten es daher, weil wir immer noch mit ihnen in direktem Funkkontakt standen. Schon in der Nacht hatten einige der Kanoniere größere Mengen Spirituosen mit in ihre rückwärtige Stellung genommen.

114

Später haben sie auch noch die gesamten Restbestände abgeholt – sogar alles, was noch an Sekt vorhanden war..."

Einer der Geschützführer, Karl Jäger von Geschütz Nr. 6, gestand gegenüber Emil Kaufmann später, daß er sich *(nicht allein)* in der Invasionsnacht, kurz nach 3:00 Uhr, von seiner Truppe abgesetzt hatte. Zitat: „Die konnten mich mal am Arsch lecken..."

(Diese Reaktionen sind Indizien dafür, daß nach den wochenlangen zermürbenden Bombardements aus der Luft und dem schwerem Artilleriebeschuß von See her die Moral der Geschützbedienungen und der Batterieführung erheblich gelitten hatte...)

Lomell führte seinen Bericht fort: „Wir hatten zwei dieser *(Thermit-)*Granaten bei uns, die als Wärme-Granaten bezeichnet wurden. *(Jeder Ranger, der an der Einnahme des Pointe-du-Hoc-Stützpunktes beteiligt war, trug eine solche Granate bei sich. Sie waren etwas größer als eine Bierdose.)* Wenn der Stift abgezogen war und die brandverursachende Verbindung an die Luft kam, ergoß es sich *(leise zischend)* wie Lötzinn und lief in den Verschlußmechanismus. Ich gebrauchte sie gewissermaßen zum Verschweißen und schob sie in die Verschlußöffnungen von zwei der Kanonen. Ich zerstörte leise die optischen Visire aller fünf Kanonen mit meiner gepolsterten Maschinenpistole. Ich hatte meine Jacke um den Lauf gewickelt, um jedes Geräusch zu vermeiden, das eventuell gehört werden könnte. Dann rannten Jack und ich hinunter zur tiefergelegenen Straße, etwa 100 bis 200 Yards *(zirka 90 bis 180 Meter)* außerhalb der Sicht der Deutschen, weiter zur Straßensperre, um noch mehr Wärme-Granaten von unseren Leuten zu holen. Dann eilte ich zurück, um die Arbeit fortzusetzen, die verbliebenen drei großen Kanonen unbrauchbar zu machen. Es dauerte einige Minuten. Da Wärme-Granaten kein Geräusch verursachen, konnten wir unsere Arbeit glücklicherweise schnell verrichten und wieder entkommen, ohne entdeckt zu werden. Die Kanonen waren um 8:00 Uhr, wie befohlen, neutralisiert.

Als wir unsere Arbeit mit den Kanonen erfolgreich ausgeführt hatten, liefen wir zurück zu den anderen Männern der D-Kompanie an der Straßensperre und begannen, unsere Verteidigungsposten für den Rest des D-Day zu konsolidieren und zu beschützen. Inzwischen

Leonard G. Lomell und Jack Kuhn nach den Kampfhandlungen. Ihnen war es gelungen, die von den Amerikanern so gefürchteten 15,5-cm-Kanonen zu neutralisieren – die am D-Day keinen einzigen Schuß abgegeben hatten.

Bild oben: Rudder neben seinem einzigen funktionsfähigen Kommunikationsmittel, einem alten Lichtsignalgerät aus dem Ersten Weltkrieg.

Bild unten: Die Ranger in der ins Kliff geschossenen Bucht unterhalb des Flak-Bunkers (Blick in östliche Richtung).

Fotos: US National Archives

hatte auch Feldwebel Koenig, von unserem Zug, alle deutschen Fernmeldeverbindungen entlang der Küstenstraße zerstört. Zu dieser Zeit kam der Rest unseres 1. Zugs der D-Kompanie zu uns – 11 Mann. Sie hatten geholfen, die Pointe zu verteidigen, wobei ihr halber Zug verwundet worden war. Wir brauchten sie, um unsere Straßenblockade zu verstärken."

Die Ranger hatten ab 7.45 Uhr in dem großen, zur Seeseite offenen Krater am Rand des Kliffs und direkt neben dem östlichen 3,7-cm-Flak-Bunker einen Brückenkopf gebildet. Nachdem diese Bucht aus Kalkgestein und großen Betonbrocken auch von Oberstleutnant Rudder erreicht wurde, errichtete er dort einen provisorischen Kommandostand. Die Funkgeräte waren nach der Landung stark beschädigt; so ließ Rudder von seinem Verbindungsoffizier den vereinbarten Funkspruch mittels eines kleinen Lichtsignalgerätes aus dem Ersten Weltkrieg morsen, mit dem er bestätigte, daß die Ranger auf dem Plateau an der Pointe du Hoc angekommen waren: "Praise the Lord *(preiset den Herrn)*".

Auch der Arzt der Ranger und die Sanitäter hatten inzwischen die Steilküste erklommen und einen notdürftigen Verbandplatz im Inneren des aufgerissenen Bunkers eingerichtet. Da bei den schweren Bombardements in der vergangenen Nacht viele Stromleitungen, die zu den einzelnen Unterständen führten, zerrissen wurden, mußten die Verwundeten im spärlichen Licht von Taschenlampen behandelt werden. In einen der beiden Räume legten die Ranger ihre auf dem Plateau gefallenen Kameraden. Sanitäts-Unteroffizier South sagte über diese Situation: „Die Verwundeten wurden so schnell gebracht, daß wir sie nur noch dicht an dicht auf Tragen nebeneinander legen konnten. Es war eine endlose Reihe... Manchmal holte ich auch selbst Verwundete herein, was nicht ungefährlich war..."

Um 8:05 Uhr ging beim Stab der 352. Infanterie-Division eine Meldung des Grenadier-Regiments 916 ein: *Schwächerer Feind in Pointe du Hoc eingedrungen, der 1. Zug 9./I.R. 726 wird zum Gegenstoß angesetzt.*

Betreffs des Stützpunktes Pointe du Hoc meldete das Grenadier-Regiment 916 um 8:19 Uhr: *Bei Pointe du Hoc hat der Feind die Steilküste erklommen (mit Strickleitern, die aus den Geschossen fielen).*

Die Situation auf dem Stützpunkt Pointe du Hoc war verworren und für die Soldaten beider Seiten unübersichtlich geworden. Das völlig verwüstete Terrain war nicht mehr überschaubar, zumal sich sowohl die Ranger wie auch die Wehrmachtsoldaten nur noch Deckung suchend, in dem Labyrinth aus Gräben und Löchern fortbewegten und sich nicht mehr auf Erderhebungen wagten. Vielmehr schlichen sie nur einzeln oder in nur kleinen Gruppen durch die teilweise noch qualmenden Krater und überwiegend zerstörten Gräben. Dennoch gelang es beiden Parteien in dem Durcheinander, gegnerische Soldaten gefangen zu nehmen.

Zwei Ranger in der zerstörten Ringstellung Nr. 6 (rechts dahinter der westliche Ausgang des in diesem Bereich befindlichen Munitionsunterstandes). **Foto: US National Archives**

Das gesamte Gelände war übersäht mit zerborstenen und weit umhergeschleuderten Betonbrocken, zerfetzten Tarnnetzen, zerrissenem Stacheldraht und zersplittertem Holz, und alles war von hellem, rötlichgelben Kalkstein-Staub überzogen. Im Bereich der Baustelle der Kasematte Nr.3 war in großem Umkreis alles von einer hellgrauen, fast weißen Staubschicht bedeckt – die Folgen der von Bomben und Granaten zerrissenen und hoch aufgewirbelten Zementsäcke. In diesem Chaos lagen stöhnende Verwundete und röchelnde Schwerverwundete. Abgerissene Körperteile, Uniformfetzen, Helme, Waffen und Gerät waren über den großflächigen Stützpunkt verstreut. Gelegentlich knallten Gewehrschüsse, auf die das Rattern von Maschinenpistolen folgte. Das dumpfe Dröhnen vereinzelter Explosionen von Handgranaten, die vor und in die Eingänge der Unterstände geworfen wurden, hallten aus den Bodenvertiefungen. Von Osten und aus nordwestlicher Richtung drang der Lärm der Kampfhandlungen aus den amerikanischen Landeabschnitten *Omaha* und *Utah* herüber. Der gesamte, ohnehin bezogene Himmel entlang der Invasionsküste war von dunklem Qualm verhangen. In diesem Inferno erschienen plötzlich drei verirrte US-Fallschirmjäger des 506. Regiments, die dem Kampflärm gefolgt waren, um eigene Truppen zu finden.

Ein Teil der deutschen Soldaten hatte sich innerhalb des Stützpunktes in die schützenden Unterstände zurückgezogen, ein anderer sich im westlichen Bereich versammelt, um von dort aus erbitterten Widerstand zu leisten – nahe der Stellungen der 3,7-cm-Flak und der 8,8-cm-Flak, die beide bereits längst für den Horizontalbeschuß eingesetzt wurden...

Den Rangern der E- und F-Kompanie war es inzwischen gelungen, einen Teil des äußersten östlichen Stützpunktbereichs zu überwinden und sich in kleinen Gruppen nahe des Eingangs zu versammeln. Dann bewegten sie sich in zwei Gruppen in südliche Richtung. Die erste Gruppe zog zur Straßenbarrikade der Ranger der D-Kompanie, die andere auf direktem Weg zur Küstenstraße, von der aus sie dann ebenfalls das großflächige Terrain erreichte, an dessen westlicher Flanke sich die 15,5-cm-Kanonen befanden. 20 Ranger der E-Kompanie errichteten, wie geplant, eine Barrikade auf der Küstenstraße in Richtung Grandcamp.

Bereits um 9:00 Uhr fand ein erster Angriff durch deutsche Soldaten der 1. Kompanie des Grenadier-Regiments 916 vom nahen Englesqueville aus statt. Doch die Ranger konnten ihn abwehren.

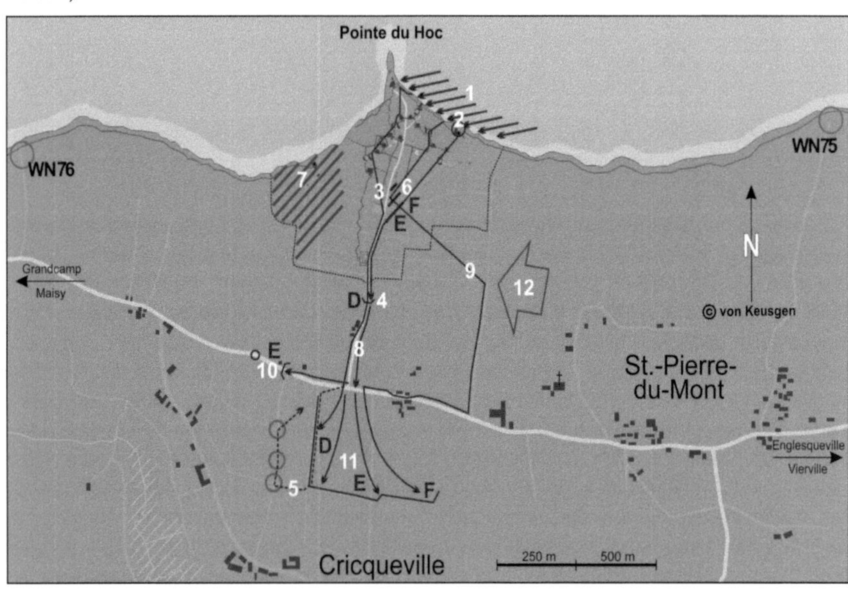

Um 11:10 Uhr erhielt der Stab der 352. Infanterie-Division die nächste Meldung vom III. Bataillon des Grenadier-Regiments 726 *(Auszug)*:

...Dagegen ist auf Stützpunkt Pointe du Hoc Feind in Stärke von zwei Kompanien eingedrungen. Feind schießt von Kriegsschiffen auf hoher See Sondergranaten in den Küstensteilhang, aus denen eine Strickleiter herausfällt, mit der der Steilhang dann erklommen werden kann...

Gegen Mittag wurde die vordere Kante der Steilküste wieder unter gezieltes Feuer der schweren Schiffsartillerie genommen – für die Amerikaner auf dem Plateau eine höchst prekäre Situation.

Plötzlich schlug eine Granate im improvisierten Gefechtsstand der Ranger ein, tötete einen Hauptmann und verwundete einen Leutnant. Auch Rudder wurde von einem Stahlsplitter am Oberschenkel verwundet. Doch bei dieser Granate hatte es sich um eine Markierungsgranate gehandelt, die das gesamte Umfeld und jeden der Ranger in der Bucht grellgelb färbte... Einer der verirrten Fallschirmjäger hatte eine US-Flagge in seinem Sturmgepäck. Er breitete sie schnell am der Seeseite zugewandten Hang aus, um so anzuzeigen, daß sich an dieser Stelle die Ranger befanden. Dann ließ Rudder zur *Satterlee* morsen: *Angelangt auf der Pointe du Hoc. Vollenden Auftrag. Benötigen dringend Munition und Verstärkung – viele Verluste.*

Erst eine Stunde später erhielt Rudder Antwort: *Keine Verstärkung möglich – alle Ranger auf Omaha gelandet.*

Der Stab der 352. Infanterie-Division zögerte noch bis zum Mittag, dann wurde dem Grenadier-Regiment 914, verstärkt durch das III. Bataillon des Infanterie-Regiments 726, der

Der provisorische Gefechtsstand der Ranger am oberen Rand des Kliffs. Gefangengenommene deutsche Soldaten wurden herangeführt und mußten die schmale Eisenleiter hinabsteigen, um sich unterhalb des Kliffs zum Abtransport auf die Schiffe zu versammeln.
(Links im Bild: Der durch Granatbeschuß aufgebrochene Westwall-Bunker.
Bildmitte: Die US-Flagge, die ein Fallschirmjäger ausgebreitet hatte, um den Kriegsschiffen somit zu zeigen, daß sich an dieser Stelle Amerikaner aufhielten.
Im Hintergrund, rechts oben: Die Klippe Pointe du Hoc.
Im Hintergrund links: Die Kasematte Nr.1 (Vergleich siehe Seite 99.)   **Foto: US National Archives**

In einigen der Unterstände (Bild oben) hatten sich viele der deutschen Soldaten verschanzt – abgeschnitten von jeglichem Nachschub sowie Lebensmitteln, ohne elektrisches Licht, ohne Munitionsvorrat, ohne Toiletten und mit nur eingeschränkter Luftversorgung... Dennoch hielten manche von ihnen unter diesen extremen Bedingungen noch bis zum 8. Juni durch...

Splitterwirkung amerikanischer Handgranaten im Eingangsbereich der B-Stelle.

Fotos: von Keusgen 2005

Befehl erteilt, die gelandeten Ranger anzugreifen. Um 12:25 Uhr meldete der 1. Generalstabsoffizier dem Stabschef des 84. Armee-Korps: *Besatzung des Stützpunktes Pointe du Hoc ist von zwei Feindkompanien eingeschlossen. Gegenangriff mit Teilen des III./I.R.726 ist angesetzt. General-Kommando führt der Division die Schnelle Brigade 30 zu, die nach Eintreffen der Division unterstellt ist und voraussichtlich den Schutz der rechten Flanke zu übernehmen hat.*

Noch immer leisteten viele deutsche Soldaten vom Rand des Kliffs aus Widerstand. Plötzlich erschien in Wilhelm Kirchhoffs MG-Stellung der Oberwachtmeister der kleinen Werfer-Truppe. Er erklärte, daß man eine Funkmeldung bekommen habe, der zufolge die Kübelwagen des Werfer-Regiments unterwegs waren, die Soldaten nun wieder abzuholen und zur Stammeinheit zurückzubringen. Der Oberwachtmeister sagte weiter: „Wir haben unsere Pflicht getan, bekommen auch keine Munition mehr. Es wird mulmig hier oben... Wir setzen uns ab."

Wenige Minuten später trafen sich die Soldaten des Werfer-Regiments in einem ihrer selbstgebauten Unterstände, um einen Moment auszuruhen und auf das Eintreffen der Kübelwagen zu warten. Wilhelm Kirchhoff war bekümmert: „Ich habe hier zum erstenmal auf Menschen geschossen... Ab mittags wurde es dann ruhiger. Im Lauf des Vormittags waren vier meiner Kameraden verwundet worden – einer hatte einen großen Granatsplitter in den Oberarm bekommen. Unser Oberwachtmeister meldete uns dann bei den Artilleristen ab. Man war sowieso der Meinung, daß hier kein einziger Amerikaner hochkommen würde... So lange ich an der Pointe du Hoc war, habe ich keinen einzigen von ihnen da oben gesehen. Wenn sich auch nur ein Kopf der Amis an der Kante der Steilküste zeigte, wurde auf ihn geschossen..."

Gegen 14:00 Uhr verließen die Soldaten des Werfer-Regiments 84 den Stützpunkt Pointe du Hoc über seine östliche Flanke – ohne bemerkt zu haben, daß sich bereits seit mehr als fünf Stunden die Ranger hinter ihrem Rücken bewegt und gekämpft hatten...

Die fünf Kübelwagen waren nur bis in die Nähe von St.-Pierre-du-Mont gefahren und hatten im Schutz eines Hohlwegs gewartet. Dann fuhren die Soldaten mit den Autos in südöstliche Richtung davon.

Wilhelm Kirchhoff sagte über das Risiko, den fast 60 Kilometer weiten Weg zur inzwischen in der Nähe von Caen stationierten Werfer-Einheit zu fahren: „Wir sind wegen der Jabos nur nachts gefahren, nur auf Schleichwegen und durch Hohlwege, und nicht auf der Küstenstraße. Tagsüber haben wir uns in Gehöften und Scheunen versteckt. Wir sind zwei Nächte lang gefahren. Es war kein gutes Gefühl, ständig die Jabos im Rücken zu haben..."

Die Mannschaft der B-Stelle, zu der noch einige Infanteristen geflüchtet waren, hatte sich längst in dem großen Bunker hinter verschlossenen Panzertüren verschanzt. Aus dem Observationsraum und durch dessen Beobachtungsscharte wurde mit Karabinern und einem Maschinengewehr gefeuert. Einigen Rangern gelang es, drei Handgranaten in die Scharte zu werfen. Einen Moment später schoß einer der Amerikaner noch eine Bazooka-Granate in den Observationsraum, aus dem dann dunkler Qualm quoll. Es gab zwei Tote. Der Stand wurde von den beiden überlebenden aber verwundeten deutschen Soldaten aufgegeben und vom Kartenraum aus versperrt. Doch nicht für lange Zeit, denn sie befanden sich nun in einem Zustand der Belagerung. Benno Müller erzählte: „Wir wurden ja nun von vorn und von hinten angegriffen... Als alle Munition verschossen war, haben wir dann, es war etwa 12:00 Uhr, die Panzertür geöffnet und ein weißes Bettlaken hinausgehalten..."

Die Ranger stellten das Feuer ein und warteten ab. Benno Müller schilderte die Situation am Beobachtungsbunker: „Wir waren nur noch sechs Leute... Mit erhobenen Händen kamen wir heraus... Die Amerikaner haben uns gut behandelt, waren freundlich. Dann wurden wir zu einer Stelle am Rand der Steilküste geführt, an der ein großes Stück durch den Beschuß eingestürzt war. An diesem Abhang kletterten wir hinunter. Wir mußten ein Landungsboot besteigen, das uns zu einem größeren Schiff brachte..."

(Die sechs Soldaten kamen noch am selben Tag und mit etlichen anderen deutschen Gefangenen nach Großbritannien in die Kriegsgefangenschaft.)

Erst nach dem Eintreten der nächsten Ebbe, ab dem späten Nachmittag des 6. Juni, konnten die deutschen Gefangenen mit Landungsbooten zu den großen Transportschiffen gebracht werden.

Die Kraterlandschaft, umherliegende Trümmer und halb verschüttete Gräben führten immer wieder zu grausamen Nahkampfhandlungen...

Fotos: US National Archives

Der Observationsstand nach den Kämpfen.

121

Die Ranger – Probleme bis zum Ende

Am frühen Nachmittag des 6. Juni erfolgten die beiden nächsten deutschen Gegenangriffe durch die südlich Grandcamp stationierte 2. Kompanie des Grenadier-Regiments 914 von Südwesten und einer Kompanie des III. Bataillons des Infanterie-Regiments 726 aus Südosten auf den zerklüfteten Stützpunkt Pointe du Hoc zu. *(Mit der Nummer 726 gab es ein 1941 aufgestelltes Infanterie-Regiment und ein 1942 aufgestelltes Grenadier-Regiment – beide gehörten zur 716. Infanterie-Division)* Auch die deutschen Soldaten, die sich in den westlichen Bereich des Stützpunktes zurückgezogen hatten, griffen die Amerikaner wieder an. Es kam bei diesen Kampfhandlungen zu heftigen Schießereien, in deren Verlauf die Ranger zwar deutlich zurückgedrängt wurden, die aber dennoch keine eindeutig klare Situation schafften.

Noch heute ist der Boden voller menschlicher Knochen – wie diesem Rückenwirbelteil.

Nach den Bombardements waren einige Unterstände, in die sich die deutschen Soldaten zurückgezogen hatten, völlig verschüttet...

Fotos: von Keusgen 2005

Die beiden 2-cm-Zwillings-Schnellfeuerkanonen, nahe des Beobachtungsbunkers, bereiteten den Rangern, die über den Stützpunkt vordrangen, immer wieder große Schwierigkeiten. So ließ Rudder vom Zerstörer *Satterlee* Hilfe anfordern. Mit gezieltem 12,7-cm-Beschuß eliminierte eines seiner Geschütze kurz darauf die 2-cm-Flak-Stellungen. *(Bis 17:00 Uhr verbrauchte die „Satterlee" allein 70 Prozent ihres gesamten Munitionsbestandes für die Unterstützung der Ranger.)*

Nun bat Rudder um die Evakuierung der vielen Verwundeten – die Ranger hatten inzwischen fünfzig Prozent Verluste. Daraufhin wurde um 14:30 Uhr vom Zerstörer *Barton* zwar ein spezielles Bergungsboot gesandt, das aber wegen des starken deutschen Abwehrfeuers nicht bis an die Küste herankam. *(Es gibt keine offiziellen Informationen darüber, was ab mittags und bei aufgelaufener Flut mit den unterhalb des Kliffs liegenden Toten, den Verwundeten und Schwerverwundeten, die nicht mehr imstande waren, auf das Plateau hinaufzuklettern, geschah...)* Die Ranger auf dem Stützpunkt Pointe du Hoc waren nun vom Meer abgeschnitten, und von Land aus war noch keine Hilfe zu erwarten. Mit nur zwei funktionsfähigen Granatwerfern und der Feuerunterstützung durch *(zeitweise)* vier Zerstörer verteidigten sie ihre Position.

Auch die 8,8-cm-Kanone nahm immer wieder den östlichen Teil des Stützpunktes unter Beschuß. In dem Granattrichter am Flak-Bunker richteten die Ranger eine Verteidigungsstellung ein und wollten dort auf die Verstärkung ihrer von *Omaha Beach* aus vorrückenden Hilfstruppen warten. Diese näherten sich jedoch nur langsam und sehr vorsichtig der Pointe du Hoc. Sie hatten Patrouillen vorausgesandt, die auf ihrem sieben Kilometer langen Weg von Vierville jedes Haus, das sie passierten, nach deutschen Soldaten durchsuchten. In St.-Pierre-du-Mont gerieten sie in starkes Maschinengewehrfeuer. Indessen hielt Oberfeldwebel Leonard G. Lomell weiterhin die Straßen-Barrikade.

Um 18:25 Uhr meldete der Divisionskommandeur, Generalleutnant Dietrich Kraiss, vom Gefechtsstand des Grenadier-Regiments 916 an den 1. Generalstabsoffizier der Division: *I./G.R.914 hat Befehl, durch Gegenangriff die Lage bei Stützpunkt Pointe du Hoc zu bereinigen. Gegenangriff von Osten mit Teilen vom Stützpunkt Le Guay ist ebenfalls angesetzt.*

Um 19:40 Uhr wurde an General Kraiss gemeldet: *Feind beim Stützpunkt Pointe du Hoc ist von Osten und Süden von der 9./I.R.726 umfaßt.*

Um 19:45 Uhr meldete das Grenadier-Regiment 916: *Fallschirmjäger-Absprung bei Stützpunkt Le Guay.*

Es war noch nicht dunkel, als um 21:00 Uhr die ersten 24 Ranger der A-Kompanie des 5. Bataillons von *Omaha Beach* her auf dem Stützpunkt Pointe du Hoc ankamen.

Um 23:00 Uhr erfolgte der nächste deutsche Gegenangriff mit 40 Soldaten der 1. Kompanie des Grenadier-Regiments 914 aus südwestlicher Richtung und genau auf jene Position zu, an der sich die fünf 15,5-cm-Kanonen befanden. Zu dieser Zeit meldete der Divisionskommandeur an den Kommandierenden General des 84. Korps, Erich Marcks: *Am linken Abschnitt ist der Gegenangriff des I./G.R.914 gegen den Stützpunkt Pointe du Hoc noch im Gange.*

Doch hinter dem dicht bewachsenen Hohlweg und an der Straßensperre nach Grandcamp hatten Oberfeldwebel Lomell und Unteroffizier William Petty mit Soldaten der D- und E-Kompanie Stellung bezogen. Der deutschen Attacke konnte zwar standgehalten werden, doch erfolgte ein weiterer Angriff bereits um 1:00 Uhr und nochmals um 3:00 Uhr des 7. Juni. Im Verlauf dieser heftigen Kampfhandlungen mit Maschinengewehren und Granatwerfern wurden etliche Amerikaner getötet und gefangengenommen – der Rest der Ranger bis auf den Stützpunkt Pointe du Hoc zurückgedrängt. Dabei wurden die Ranger der Kompanien D und E, die inzwischen unter akutem Munitionsmangel litten, überrannt. Leuchtkugeln erhellten den Himmel und geisterhaft huschten die dunklen Schatten der Kämpfenden durcheinander.

Ein Ranger kam bis zu Rudders Gefechtsstand durch: „Wir können sie nicht aufhalten. Mein Gott, unsere Jungs werden überall getötet...“

Dann sahen die Amerikaner einen schwerverwundeten Deutschen, der im vom Mondlicht nur schwach beleuchteten Dunkel über das zerklüftete Terrain kroch. Sie warfen eine Handgranate zu ihm hinüber. Der Deutsche preßte sich noch dichter auf den Boden – und auf die Granate...

Zuletzt befanden sich die Ranger nur noch in einem weniger als 200 Meter tiefen und ebenso breiten Kessel – direkt am Rand des Kliffs, dort, wo Oberstleutnant Rudder seinen improvisierten Gefechtsstand eingerichtet hatte. Überall auf dem Stützpunkt und in der nahen Umgebung lagen amerikanische und deutsche Tote und stöhnende Verwundete. Viele der Granaten deutscher Werfer waren auf jener Wiese im nordöstlichen Stützpunktbereich eingeschlagen, auf der zu dieser Zeit etliche deutsche Gefangene festgehalten wurden...

Leonard G. Lomell berichtete über seine Situation in dieser Nacht: „Wir hatten während des Nachmittags ungefähr 85

Leere Munitions- und Versorgungskisten der Ranger hinter dem Westwall-Bunker.
Foto: US National Archives

andere Ranger zusammengesucht, auch anderer Kompanien *(in anderen amerikanischen Berichten wird von 36 Rangern geschrieben)*, um unsere Straßenblockade in der D-Day-Nacht zu verteidigen. Unser Befehl lautete, unsere Blockade an der Küstenstraße solange zu halten, bis Unterstützung kommt, was wir bis D+2 *(D-Day + 2 Tage)* taten. Trotz Granaten und drei Gegenangriffen in der D-Day-Nacht, in der wir zahlenmäßig 10 zu 1 überlegen waren *(demzufolge hätten 8,5 deutsche Soldaten angegriffen...)*, verloren wir niemals die Kontrolle über unsere D-Kompanie-Blockade. Keine deutsche Truppe kam jemals dort hindurch, um ihren Kameraden am Utah Beach helfen zu können, oder umgekehrt."

Der von den Rangern abge-sprengte Tunnel-Eingang des im östlichen Stützpunkt-Bereich gelegenen Munitionsunterstandes H 134.
Foto: US National Archives

Gegen 4:00 Uhr des 7. Juni trafen weitere 46 Ranger auf dem Stützpunkt ein, und es wurde eine provisorische Verteidigungslinie von Rudders Gefechtsstand bis zur Ringstellung Nr. 6 gebildet.

Im Verlauf des 7. Juni kam es immer wieder zu kleinen Kampfhandlungen, die jedoch keine entscheidende Veränderung der taktischen Situation an der Pointe du Hoc brachten, den Rangern aber etwas mehr Raum verschafften. Dabei entdeckten einige Ranger um 14:00 Uhr einen der drei großen, unterirdischen Munitionsbunker *(R 134)*, jenen im östlichen Stützpunktbereich. Vier Männer, die Experten im Zerstören waren, näherten sich dann im deutschen Infanteriefeuer dem Munitionsunterstand. In ihrer Begleitung befand sich auch ein Reporter der *Stars and Stripes*, der ebenfalls mit den Rangern am 6. Juni vor der Pointe du Hoc gelandet war. Aber da hatte die Bedienung der 8,8-cm-Kanone die kleine Gruppe bemerkt und begann, sie zu beschießen. Dennoch gelang es den Amerikanern, den Bunker zu erreichen, und um 14:30 Uhr wurde sein östlicher Eingang mittels Bangalore-Torpedos abgesprengt. Doch hatten sich in ihm lediglich etwas Infanteriemunition und einige Kisten mit Handgranaten befunden – aber auch mehrere deutsche Soldaten....

Am Nachmittag traf die erste Unterstützung für die Ranger von See her ein. Mit zwei LCVPs *(Landing Craft, Vehicle and Personnel = Landungsboot für Fahrzeuge und Mann-schaften)* wurden die Ranger durch 30 Soldaten verstärkt. Auch Trinkwasser, Verpflegung und Munition wurden mit angelandet.

Zu dieser Zeit erreichte die Spitze der amerikanischen Angriffstruppe St.-Pierre-du-Mont. Sie bestand aus mehreren Kompanien des 1. Bataillons des 116. Infanterie-Regiments, fünf Sherman-Panzern des 743. Panzer-Bataillons, den Resten der Kompanien A, B und C *(die den Radar-Stützpunkt auf der Pointe et Raz de la Percée auftragsgemäß eingenommen hatten)* des 2. Ranger-Bataillons und den Kompanien D und E des 5. Ranger-Bataillons *(insgesamt zirka 350 Soldaten – 60 Prozent der Soll-Stärke. Die am „Omaha Beach" verbliebenen Regimentsteile waren noch damit beschäftigt, deutsche Widerstandsnester einzunehmen und sich neu zu ordnen).* Auf ihrem Weg von Vierville bis St.-Pierre-du-Mont hatte es mehrere kleine Feuergefechte mit vereinzelten Gruppen deutscher Soldaten gegeben. So brauchten die Amerikaner für die sechs Kilometer lange Strecke fünf Stunden. Als sie in der kleinen Ortschaft ankamen, waren sie erschöpft, in Eile und hungrig. Einige Soldaten streiften umher, um nach Eßbarem zu suchen. Sie kamen auch auf das Gehöft der Familie Le Normand. Gerette Coulmain sagte über diese Situation: „Als die Amerikaner auf das Anwesen kamen, haben sie sich nicht lange aufgehalten. Sie fragten nach Hühnern und wollten sie sofort gebraten haben. Die Soldaten hatten es sehr eilig, wollten gleich weiter..."

Bei St.-Pierre-du-Mont verwickelten deutsche Kräfte die Angreifer in ein heftiges Gefecht. Die Amerikaner entdeckten im Kirchturm der kleinen Ortschaft einen einzelnen deutschen *(angeblich)* Artillerie-Beobachter. Einer Aufforderung, herunterzukommen und sich zu ergeben, folgte der deutsche Soldat nicht. Daraufhin schoß ein Sherman-Panzer den Turm der Kirche zusammen.

Am späten Nachmittag näherten sich die angreifenden Amerikaner der Straßenabzweigung, die zur Pointe du Hoc führt. Doch schlug ihnen dort derart starkes deutsches Geschützfeuer entgegen, daß sie sich wieder nach St.-Pierre-du-Mont zurückzogen. 36 US-Infanteristen waren bei diesem Feuergefecht verwundet oder gefallen. Es war weder den amerikanischen Truppen möglich, den nur noch eintausend Meter entfernten Pointe-du-Hoc-Stützpunkt zu erreichen, noch den deutschen, bis zur Küste vorzustoßen. In der folgenden Nacht befahl der Divisionskommandeur, General Kraiss, das sich die 352. Infanterie-Division aus ihren vorderen Positionen bis hinter die schmale Aure zurückziehen sollte.

Während des frühmorgendlichen schweren Bombardements war auch einer der Gruppenunterstände getroffen worden.
Foto: US National Archives

Mehrere von einem Sherman-Panzer abgefeuerte Granaten trafen die Kirche von St.-Pierre-du-Mont und brachten ihren Turm zum Einsturz.
Foto: Kollektion M. Houyvet

Auf der Küste nahe "Omaha
Beach": Ein provisorisches
Grab für einen der gefallenen
Ranger – markiert durch sein
Gewehr und den Helm.
Fotos: US National Archives

Die auch noch bis zum Morgen des 8. Juni bei St.-Pierre-du-Mont verharrenden Reste der A-Kompanie und Teile des nachgefolgten 2. und 3. Bataillons des 116. Infanterie-Regiments wurden vom nach und nach von Osten her vorrückenden 5. Ranger-Bataillon und zwei Kompanien des 743. Panzer-Bataillons in den frühen Morgenstunden des 8. Juni verstärkt – 48 Stunden später, als im Zeitplan vorgesehen.

Um 10:00 Uhr begannen die Amerikaner mit einem massierten Angriff von St.-Pierre-du-Mont aus auf den Stützpunkt Pointe du Hoc. Der Zerstörer *Ellyson* bereitete den Angriff vor, indem er den Stützpunkt unter Feuer nahm *(insgesamt 140 Granaten)*. Zwar konnten die US-Soldaten dann an der rechten Flanke in diesen über fast 600 Meter breiten Angriffsraum ohne großen Widerstand bis in die Nähe der eingeschlossenen Ranger vordringen, doch entstand plötzlich eine verhängnisvolle Verwirrung. Die Infanteristen des 3. Bataillons des 116. Regiments gerieten mit den beiden Panzer-Kompanien durcheinander. In dieser verworrenen Situation und unter dem massiven Beschuß der 8,8-cm-Kanone vom entfernten westlichen Stützpunktbereich aus schossen plötzlich die angreifenden Panzer auf die Ranger der B-Kompanie. Da die Ranger dieser Kompanie nach den Kampfhandlungen der beiden Vortage kaum noch über eigene Munition verfügten, hatten sie sich deutsche Waffen angeeignet, mit denen sie das Feuer der „Angreifer" erwiderten – dabei auch mit drei Maschinengewehren des Typs 42. Die Panzer-Soldaten erkannten, daß es sich um Waffen der „Gegner" handelte, mit denen man sie beschoß, und das Chaos eskalierte, bei dem dann drei Sherman-Panzer zerstört, drei Ranger verwundet und vier getötet wurden.

Hauptmann Arnold begriff die Situation und schickte zwei Soldaten, um mit den Männern des 116. Infanterie-Regiments

Kontakt aufzunehmen und das Mißverständnis aufzuklären. Einer dieser Ranger sprang dann auf einen der Panzer und rief hinein: „Ihr feuert auf Eure eigenen Leute!"

Der Panzerschütze entgegnete: „Nein, ich höre doch deutsche Waffen..."

Als der Panzerschütze weiterschießen wollte, hielt der Ranger ihm seine Pistole an den Kopf: „Du hörst sofort auf zu schießen, oder ich blase Dir den Kopf weg..."

Kurze Zeit später fluteten die insgesamt starken Kräfte der Amerikaner auf den zerstörten Stützpunkt, und die Kampfhandlungen wurden seitens der völlig erschöpften deutschen Soldaten, die sich überwiegend an und in ihren unterirdischen Anlagen verschanzt hatten und von jedem Nachschub abgeschnitten waren, gegen 16:00 Uhr eingestellt – sie ergaben sich. Rudolf Karl gehörte zu jenen letzten Deutschen: „Nachdem die Amerikaner die Pointe du Hoc erobert und uns gefangengenommen hatten, wurde jeder unserer Männer von 10 Rangern bewacht – solche Angst hatten sie vor uns; und wenn sich einer von uns bewegte, haben sie sofort geschossen..."

Für eine einzige Nacht hatten die Ranger nun Zeit, sich etwas auszuruhen. Rudder befand sich in einer neuen provisorischen Stellung, in einem Obstgarten, auf halbem Weg zwischen der Pointe du Hoc und Grandcamp. Er saß an einen Baum gelehnt und schlief. Die extrem hohen Verluste seiner Truppe waren für ihn eine starke psychische Belastung. Von den insgesamt 675 Männern des 2. und 5. Ranger-Bataillons hatte es 299 Ausfälle gegeben. 93 Männer waren getötet worden *(davon allein 71 des 2. Bataillons)*, 152 waren verwundet und 70 vermißt – von seinem von den Verlusten besonders schwer betroffenen 2. Bataillon waren noch 90 Soldaten einsatzfähig, davon nur 51 unverwundet...

Ein Ranger auf dem westlichen Flak-Stand mit dem 3,7-cm-Geschütz. Deutsche Bezeichnung: 3,7 cm Flak 18; Kaliber/Patrone: 37x264 mm; Gesamtlänge: 362,6 cm; Rohrlänge 211,2 cm Marschgewicht: 3,56 t; Gefechtsgewicht: 1,75 t; Seitenrichtbereich: 360°; Höhenrichtbereich: -5°/+85°, Speisung: Zusammensetz-bare 6-Schuß-Laderahmen; Vo (=Mündungsaustrittsgeschwindigkeit): Sprenggranaten 820 m/sec. Panzergranaten 770 m/sec. Geschoßgewichte: Sprenggranaten 0,625 kg; Panzergranaten 0,685 kg; Gipfelhöhe: 4.800 m Feuerfolge: 80 – 100 Schuß pro Minute. **Foto: US National Archives**

Charakteristisch…

…die langsam zerfallende Klippe Pointe du Hoc und
das Monument der Ranger – irgendwann im Meer
versunken…

Foto: von Keusgen 2005

Teil 4
Danach...

Danach...

Der Auftrag der Ranger war mit der Einnahme des Pointe-du-Hoc-Stützpunktes und der Eliminierung seiner Kanonen noch nicht beendet...

Die Batterie Maisy war ein großräumig eingezäuntes Gelände *(größer als der Stützpunkt Pointe du Hoc)*, in dem sich die Widerstandsnester 83 und 84 befanden. Das gesamte Terrain war außergewöhnlich stark vermint und vom Meer aus feindlichen Truppen fast unzugänglich. WN 83 wurde als Stützpunkt La Martinière benannt. In ihm war eine Batterie *(9./1716 HKAA)* mit vier 10,5-cm-Haubitzen stationiert *(drei davon verbunkert)*. Im unmittelbar benachbarten WN 84, dem Stützpunkt Les Perruques, stand eine Batterie mit 15,5-cm-Kanonen *(8./1716 HKAA)*. Da die Reichweite dieser beiden Batterien einen Radius bis zu 19 Kilometer besaßen, bedrohten auch sie *Utah Beach* und *Omaha Beach*. Auf dem weitläufigen Areal befanden sich außer einer Vielzahl von Nahverteidigungsanlagen auch noch insgesamt zwölf 8,8-cm-Kanonen. Die gesamte Anlage wurde in der Nacht zum 6. Juni 1944 stark bombardiert, konnte jedoch nicht zerschlagen werden. Am frühen Morgen des D-Day nahm der britische Kreuzer *Hawkins* die Anlage unter Feuer. Dadurch wurden einige Geschütze eliminiert, teilweise völlig verschüttet. Dennoch konnte die Batterie Maisy nicht gänzlich neutralisiert werden.

Am Morgen des 9. Juni wurden die beiden Stützpunkte bei Maisy von den Amerikanern angegriffen. Bis zum Mittag kämpften Ranger des 2. und 5. Bataillons zusammen mit Infanteristen des 116. Regiments, dann gaben die deutschen Verteidiger ihren Widerstand auf – 122 von ihnen gerieten in Gefangenschaft.

Bereits 1956 wurde zur Erinnerung an die hier gestorbenen deutschen und amerikanischen Soldaten am Rand des großen Kraters des zerstörten Bunkers von den Franzosen diese Gedenktafel errichtet, später noch einmal erneuert (Vergleich Seite 17).

Foto: J.-P. Perrigault 1965

Noch immer waren die militärischen Aktionen an der Pointe du Hoc nicht vorbei. Nach der gelungenen Landung der Alliierten in der Normandie, versuchte die deutsche Luftwaffe durch Schiffsbombardierungen und Minenabwürfe vor der Küste den Nachschub zu vereiteln, zumindest aber zu verzögern. In Nachteinsätzen flogen deutsche Bomber noch bis Mitte Juli derartige Angriffe. Dabei handelte es sich um nur kleine Gruppen von wenigen Flugzeugen der Kampfgeschwader 2 und 54. Sie hatten den Auftrag, die Seine-Bucht zu verminen und Schiffe zu bombardieren. So flogen diese kleinen Pulks von den nordfranzösischen Flugplätzen bei Laon und Reimes, über Le Havre kommend und entlang der Küste, auch zur Vire-Mündung, die auf diesem Weg erst hinter der Pointe du Hoc liegt.

In der Nacht vom 17. zum 18. Juni 1944 fanden mehrere Einsätze in diesem Zielgebiet statt. Das Kampfgeschwader 2 mit sieben Ju 188 und zwei Do 217 warf zwischen 0:38 Uhr und 0:45 Uhr 16 BM 1000 *(Bomben-Minen mit 1.000 Kilo Sprenggewicht)* ab. Der Abwurf dieser schweren Bomben *(mit Aufschlagzünder für Schiffsziele und als auf den Meeresgrund absinkende Magnetkontaktminen)* sollte nach vorgegebenen Zielmarkierungen erfolgen, jedoch war den Piloten eine genaue Zielortung nicht möglich. So ließen sie ihre Bomben-Minen aufs Geratewohl fallen – über der Pointe du Hoc...

Ein dem Autoren dieses Buches persönlich bekannter damaliger Angehöriger der "Résistance" hatte mit weiteren fünf Franzosen als Bauarbeiter tagelang durch massenhaft Zusatz von Zucker in die Mischmaschinen in großem Umfang Sabotage betrieben. Nur 10 Gramm Zucker (drei Würfel) ins Wasser der Betonmischung geworfen, nehmen 100 Kilo Beton die Bindungsfestigkeit...

Was nach der Bombardierung in der Nacht zum 18. Juni 1944 übrig blieb, sind ein großer Krater und riesige Betonbrocken. In diesem Munitionsbunker hatten sich in jener Nacht viele deutsche Kriegsgefangene aufgehalten. Insgesamt wurden 111 deutsche und amerikanische Soldaten durch die Explosion getötet. **Foto: von Keusgen 1999**

Am ehemaligen Eingang zu dem Gelände, auf dem sich damals der Stützpunkt befand, steht seit den 80er Jahren ein Replikat einer jener 15,5-cm-Langrohrkanonen, gewissermaßen als Symbol für den Stützpunkt und den Auftrag der Ranger. **Foto: von Keusgen 2005**

Von einer dieser Bomben-Minen wurde der westlich gelegene Munitionsunterstand *(H134)* getroffen. Der Beton dieses Bunkers war aber von als Bauarbeiter getarnten Mitgliedern der Widerstandbewegung durch die Zutat von Zucker während des Mischprozesses nur wenig widerstandfähig. So wurde die 1,5 Meter dicke Abdeckung durchschlagen. Dieser Bunker war das Haupt-Munitionslager der Batterie gewesen, und in ihm befanden sich nicht nur etliche 15,5-cm-Granaten und Treibladungen, sondern auch viele Tellerminen, die von den deutschen Kriegsgefangenen aus den Minenfeldern geborgen worden waren. Aber dieser große Bunker diente, wie die beiden anderen auf dem Gelände auch, außerdem als Quartier für deutsche Kriegsgefangene. Durch eine Kettenreaktion fast augenblicklich massenhaft explodierender Sprengkörper entwickelte die ungeheure Detonation eine derart starke Kraft, daß der gesamte Bunker völlig auseinandergerissen wurde. Seine zwei Meter dikken Seitenwände barsten, und die gesamte zerborstene Abdeckung und große Betonstükke, deren Volumen teilweise mehrere Kubikmeter umfaßten und mehr als 500 Tonnen wogen, wurden bis zu 30 Meter weit umher geschleudert.

Nach Beendigung der Kämpfe in der Normandie, und auch noch einige Zeit nach dem Krieg, war es den Franzosen verboten, das ehemalige Stützpunktgelände zu betreten. Noch lange mußten deutsche Kriegsgefangene das völlig verwüstete Terrain von gefährlichen Sprengkörpern, insbesondere Minen, befreien. Es wurde ihnen gesagt, sie wüßten anhand ihrer Pläne, wo die Minen lagen, doch derartige Landkarten besaß niemand mehr. Sie waren, als die Amerikaner kamen, zusammen mit anderen wichtigen Dokumenten vernichtet worden. So ließ man die Deutschen auf den Knien umherkriechend die Minen mit ihren Bajonetten suchen – bis in den Winter 1944/45, in dem es dann sogar in der Normandie einmal viel Schnee gab.

Nachwort

Die Brieftaube des Monsieur Jean Marion mit der wichtigen Nachricht des André Farina, daß die fünf 15,5-cm-Langrohrkanonen in der Nacht vom 25. zum 26. April 1944 vom Stützpunkt Pointe du Hoc 1.300 Meter weiter zurückverlegt worden waren, hatte offenbar doch ihren Empfänger auf der anderen Seite des Ärmelkanals erreicht... Bisher blieb aber bis zu dieser Publikation unbekannt, daß zwei dieser Geschütze ohnehin nicht schießfähig waren. Doch änderte es nichts an der Tatsache, daß die verbliebenen einsatzfähigen drei Kanonen mit ihrer Reichweite von 19,5 Kilometern für die US-Landeabschnitte *Utah Beach* und *Omaha Beach* eine potenzielle Gefahr darstellten. Außerdem konnten die Amerikaner nicht wissen, daß sich ein Teil ihres Bedienungspersonals der soldatischen Pflicht entzogen hatte. Immerhin standen die Geschützmannschaften per Funk in direkter Verbindung zur noch bis zum Mittag intakten Feuerleitstelle auf der Pointe du Hoc. So war es für die Planer der Invasion durchaus wichtig, den Stützpunkt mit seinen Kanonen zu eliminieren. Warum die Ranger nicht über den tatsächlichen Standort der Geschütze informiert waren, bleibt ungeklärt. Für einen Angriff von See her blieb aber nur die Pointe du Hoc als Ziel übrig, denn das östlich daran angrenzende Terrain lag ebenfalls auf einer annähernd genauso hohen Steilküste, und der nach Westen angrenzende Küstenbereich, der sich nach nur einem Kilometer auf das normale, flache Niveau absenkt, war bis Grandcamp stark vermint und mit Massen von Strandhindernissen und Hindernissen gegen Luftlandeunternehmen befestigt. Außerdem befanden sich auf der westlichen Seite, auf der nur drei Kilometer langen Strecke bis Grandcamp, vier Stützpunkte in direkter Küstennähe *(WN 76 bis 79)*. Jeder andere Weg zur Pointe du Hoc wäre zu weit gewesen, um die Kanonen noch rechtzeitig zur Anlandung außer Gefecht zu setzen.

Bis weit in die 1950er Jahre stand eine Holztreppe für Fischer und Muschelsucher in jener Bucht, in der die Ranger das Plateau ersteigen konnten.
Foto: Archiv von Keusgen

Elf Jahre lang, bis 1955, lag das von Bomben und Granaten verwüstete Terrain an der Pointe du Hoc brach, und anhand von Luftaufnahmen wurden insgesamt mehr als 3.000 Krater gezählt. Bis dahin gelangten einige Franzosen aus der Umgebung gelegentlich über einen schmalen „Trampelpfad" bis zu jener großen Holztreppe, die vom Plateau zu dem von Kies bedeckten Streifen Land vor dem Kliff hinunterführte. So konnten sie fast mühelos das Meer erreichen, um zu fischen und Muscheln zu suchen – die deutschen Kriegsgefangenen hatten die Treppe wieder instand gesetzt.

Ab 1955 übernahm die Gemeinde Cricqueville das ehemalige Stützpunktgelände, und die Bauern, denen das große Terrain ursprünglich gehört hatte, wurden finanziell entschädigt. Da die Gemeinde allein das dazu benötigte Geld nicht aufbringen konnte, wurde sie von den Amerikanern unterstützt. So war die Vereinigung *Le Conservatoire du Littoral (die französische Küstenschutzbehörde)* neuer Eigentümer der Pointe du Hoc und des angrenzenden Geländes. Die Verwaltung des historischen Terrains übernahm das *Comité de la Pointe du Hoc,* zu dem die direkten Nachbargemeinden Cricqueville, Grandcamp-Maisy und St.-Pierre-du-Mont gehören. Noch im selben Jahr begannen die Franzosen damit,

Im mittleren Munitionsunterstand wurden erst 1955 von einem Spezialtrupp die letzten Sprengmittel zur Explosion gebracht. Der gewaltige Druck zerstörte beide Lagerräume. In den Tunnel wurden später die Feldbahnschienen geworfen. *Fotos: von Keusgen 2005*

Bild oben links: Der Observationsstand mit seiner in den 60er Jahren anläßlich der Errichtung des Ranger-Monumentes völlig renovierten Kuppel. Jedoch wurde die neue, runde Kuppel entsprechend dem Regelbau-Typ H 636 errichtet, deutlich abweichend vom ehemaligen H 636a mit dem eckigen Schnabelstand (Vergleich siehe Seite 56).

Bild oben rechts: Ein Schild vor dem von 2002 bis 2010 eingezäunten Beobachtungsbunker hatte vor Erosionen des Kliffs gewarnt – das innerhalb von 58 Jahren stellenweise mehr als sieben Meter abgebrochen ist.

Fotos: von Keusgen 2005

Bild rechts: Das Ranger-Museum im 3,6 Kilometer von der Pointe du Hoc entfernten Grandcamp-Maisy.

Foto: von Keusgen 1999

133

an der Pointe du Hoc aufzuräumen und viele Krater zu planieren. Auch rückte ein französischer Spezialtrupp zur Entsorgung von Sprengmitteln auf das ehemalige Stützpunktgelände. Die im Munitionsunterstand *(R 134)*, nahe der Kasematte Nr. 2, befindliche restliche Munition und die geborgenen Minen wurden in dem Bunker zur Explosion gebracht.

Auf dem Bunker der B-Stelle (1) gab es 1957 noch kein Monument. Das Terrain hatte noch immer fast denselben Charakter wie nach den Kampfhandlungen 1944; es war nur von Kraut und Ginster überwachsen (rechts die Kasematte Nr. 2 (2), im Vordergrund der Tobruk-Stand des noch nicht freigelegten Sanitätsunterstandes H661 (3) (Vergleich siehe Seite 36)
Foto: A. Wienand 1957

Am 21. August 1960 errichtete das *Comité de la Pointe du Hoc* auf dem renovierten Bunker der ehemaligen B-Stelle ein Denkmal zu Ehren des 2. Ranger-Bataillons – einen stilisierten, grob aus grauem Granit gehauenen Ranger-Dolch. Zum Gedenken an die deutschen Soldaten, die auf diesem Gelände gefallenen waren, stellte das Komitee unweit davon ein Schild auf. Auch wurde ein zentraler Hauptweg von diesem Denkmal zum ehemaligen Eingang des Stützpunktes angelegt, der den Namen *Colonel Rudder Avenue* trägt. Der Verlauf dieses Weges, von dem aus sich inzwischen etliche weitere Wege über das Terrain erstrecken, entspricht jedoch nicht dem Verlauf des ursprünglichen Hauptweges des Stützpunktes. Seine Verlängerung bis zur Küstenstraße wird als *Rue du Ranger* benannt. Am Eingang wurde ein kleiner Parkplatz geschaffen.

Am 6. Juni 1979 übertrug der französische Staat die Verantwortung *(nicht die Verwaltung)* für einen ordentlichen Zustand der Gedenkstätte Pointe du Hoc der *American Battle Monuments Commission (1923 zum Schutz und zur Erhaltung amerikanischer Denkmäler in fremden Ländern gegründet, in denen US-Streitkräfte seit dem 6. April 1917 gedient haben)*. Danach verschwand das kleine Blechschild mit dem schwarzen Balkenkreuz, das die Franzosen einst zur Erinnerung an die deutschen Opfer an der Pointe du Hoc und nahe des explodierten Munitionsunterstandes aufgestellt hatten. Vielmehr fanden nun an dem Denkmal auf dem ehemaligen Beobachtungsbunker immer wieder amerikanische Zeremonien statt, und die US-Präsidenten Ronald Reagan *(1984)* und Bill Clinton *(1994, anläßlich des 50. Jahrestages)* hielten vor den immer weniger gewordenen letzten Ranger-Veteranen ihre großen Reden.

1990 wurde in Grandcamp-Maisy, direkt an der Strandpromenade ein spezielles Ranger-Museum eröffnet. Einige Veteranen des 2. Bataillons waren an der Errichtung dieses Museums beteiligt, so auch Leonard G. Lomell. Von ihnen wurden viele persönliche Ausrüstungsgegenstände für die Ausstellung zur Verfügung gestellt. Auch französisch- und englischsprachige Texttafeln, Fotos und eine Filmdokumentation informieren eindrucksvoll über die Ereignisse an der Pointe du Hoc. Vor dem Rathaus von Grandcamp-Maisy, am Place de la République, steht ein Denkmal in Form einer halbrunden Mauer mit einem Enterhaken zur Erinnerung an die Ranger. Eine weitere Plakette wurde an jener Straße angebracht, die vom Meer *(Omaha Beach)* zur Ortschaft Vierville führt. Die markante Gedenktafel jedoch, die man 1956 auf dem Terrain der Pointe du Hoc zur Erinnerung an die hier ums Leben gekommenen Amerikaner und Deutschen errichtet hatte, war ab 1979 verschwunden…

Zum 60. Jahrestag des *D-Day*, im Jahr 2004, wurde das Gelände an der Pointe du Hoc weiter „verschönert". Der alte Parkplatz, der sich über vierzig Jahre lang dort befunden hatte, wo früher die ersten Mannschafts-Baracken der deutschen Soldaten standen, wurde umgepflügt und mit Sträuchern bepflanzt. Dafür wurde 160 Meter weiter in Richtung der Küstenstraße, ein großflächiger Parkplatz für mehrere hundert Autos und Busse angelegt. An seiner östlichen Flanke entstand ein langgestreckter, moderner Pavillon mit einem Informationsraum.

Die Gelder für die Pflege der Anlage an der Pointe du Hoc erhält das *Conservatoire du Littoral* aus der Gemeinde, vom Land und von den Amerikanern. Da infolge ständiger Erosion zu befürchten war, daß der auf der schmalen Landzunge vorgelagerte große Bunker der ehemaligen B-Stelle ins Meer abrutschen könnte, war dieser Bereich seit dem Jahr 2002 abgesperrt worden. Doch nach sehr aufwendigen, 6 Millionen Dollar kostenden baulichen Sicherheitsmaßnahmen im Jahr 2010 ist auch er seit Ende des Jahres den Besuchern wieder zugänglich.

Eine fast parkähnliche Landschaft mit einem Rasen wie auf einem Golfplatz und abgegrenzten, hellen Wanderwegen hat endgültig das *wahre* Mahnmal gegen die Leiden und Grausamkeiten des Krieges verdrängt – ein zerklüftetes, zerrissenes, vergewaltigtes Terrain. Sicherlich war die Veränderung des Antlitzes der Anlage an der Pointe du Hoc zur Sicherheit der Besucher notwendig, doch führte sie visuell zu einer Verharmlosung des damaligen militärischen wie humanitären Desasters. Auch sollte der historische Sinn der Ereignisse in sämtlichen Publikationen isoliert von einer Heldenverehrung

Das Monument der Ranger auf der renovierten Kuppel des Observationsraumes.
Foto: von Keusgen 1992

Das historische Gelände an der Pointe du Hoc hat durch jahrzehntelange Bereinigungen vieles von dem wahren Schreckensbild des Krieges verloren… (Vergleich siehe Seite 17)   **Foto: von Keusgen 2005**

135

interpretiert werden. Häufig werden die teilweise nur ambivalent und glorifiziert geschilderten Umstände einem zum wesentlichen Teil hochstilisierten Zweck für eine *erfolgreiche* militärische Aktion der Amerikaner genutzt. Zum Begriff *Helden* meinte Leonard G. Lomell: „Es hat keine Helden gegeben, wir haben nur unsern Job getan."

Tatsache ist, daß auch die Ranger am *D-Day (+2)* durchaus keinen leichten Stand hatten... Doch bemerkte der mit Orden und Ehrungen überhäufte Ranger-Veteran in seinem Brief vom 29.Juli 2005, in dem er von einem *beneidenswerten Schlachterfolg* schrieb, unter anderem: *Die wahre Geschichte dessen, was an der Pointe du Hoc am 6.6.44 geschah, ist eine aufregende. Es war aber niemals eine Tragödie, soweit wir Ranger uns erinnern können...*

Hier ist, wie bei vielen anderen Veteranen auch, die subjektive Auffassung der Geschichte charakteristisch geblieben. Die immer wieder formulierte Auslegung „hätten die Ranger die Kanonen der Pointe du Hoc nicht außer Gefecht gesetzt, hätten sie großen Schaden anrichten können" wurde angesichts der tatsächlichen Umstände zu einer wahren Ironie des Schicksals...

Seinen freundlich abgefaßten Brief, mit dem Lomell mir viele Informationen lieferte, schloß er ab mit den Worten: *In ein paar Monaten werde ich 86 Jahre alt. Ich hoffe, Ihr Buch wird ein großer Erfolg. Sollten Sie jemals in diesem Land sein, vielleicht im Staat New Jersey, kommen Sie mich besuchen, so kann ich ein wenig die Gastfreundschaft erwidern, die mir oft zuteil wurde, wenn ich Deutschland seit Ende des Zweiten Weltkrieges besuchte...*

Wilhelm Kirchhoff hatte seiner Frau, die er nach dem Krieg geheiratet hatte, niemals von jenen Ereignissen damals erzählt – überhaupt hatte er nie „von damals" gesprochen. Doch als er genau 40 Jahre später und im Alter von 59 Jahren erstmals wieder die Pointe du Hoc besuchte, begleitete sie ihn. Als ihm noch am Eingangsbereich zu dem ehemaligen Stützpunkt die Frage gestellt wurde, ob es ihn emotional berühre, wieder jenen Ort zu betreten, wandte er sich mit einem verlegenen Lächeln zu seiner Frau um. Lange stand er schweigend da, dann sagte er: „Es war Krieg... Wir waren unwichtig... Ich habe die Bomben erlebt, das Schießen... Wir mußten gehen und es tun. Ich kann mich nicht erinnern, Angst gehabt zu haben... Wir mußten gehen. Ich bedaure auch nichts..., es war Krieg. Heute durchläuft mich ein Schaudern, wenn ich daran denke..."

Als er dann das von Kratern aufgerissene Terrain betrat und in Richtung des Kliffs ging, waren seine Augen voller Tränen ...

Die West-Seite der Pointe du Hoc mit dem vorgelagerten Areal des Observationsbunkers bei aufgelaufener Flut. Auch an dieser westlichen Flanke der Klippe war ein Teil der Ranger angelandet. **Foto: von Keusgen 2005**

Quellenverzeichnis

Korrespondenzen, Niederschriften, mündliche und schriftliche Erlebnisberichte, militärische und behördliche Dokumente und Informationen

Marius Bazire, Chef-Gärtner an der Pointe du Hoc
Gerette Coulmain (geb. Le Normand)
Louis Le Devin, Bürgermeister von Cricqueville
Frido Ebeling, Leutnant und Batteriechef 2./832 HKAA, sowie Ehefrau Rosel, Briefe
Marcel Houyvet, Bürgermeister von St.-Pierre-du-Mont
Rudolf Karl, Artillerist der 2. Batterie / HKAA 1260
Emil Kaufmann, Artillerist der 2. Batterie / HKAA 1260
Kurt Karl Keller, Infanterist der 1. Schwadron / Füsilier-Bataillon der 352. Infanterie-Division
Wilhelm Kirchhoff, Artillerist der 2. Batterie / Werfer-Regt. 84
Leonard G. Lomell, Oberfeldwebel / D-Kompanie, 2. Ranger-Bataillon
Hans Lücking, Infanterist im Gren.-Regt. 726 / 716. Inf.-Div., Kartenzeichner für Rommels Stab
Claude Massin, Direktor des Ranger-Museums, Grandcamp-Maisy
Benno Müller, Soldat der 369. Funkmeßkompanie
Harry W. Roberts, E-Kompanie / 2. Ranger-Bataillon
Sidney Salomon, Feldwebel / C-Kompanie, 2. Ranger-Bataillon
Albin Wienand, Artillerist der 2. Batterie / HKAA 1260
Deutsche Dienststelle Berlin – Militärische Laufbahnen deutscher Wehrmachtsangehöriger
Fernsprech-Meldebuch der 352. Inf.-Div. *(Küstenverteidigungsabschnitt Bayeux – Landungstag)*
Kriegstagebuch der 352. Infanterie-Division (Ziegelmann)
Ranger-Museum, Grandcamp-Maisy
Landkarten der Wehrmacht

Bildnachweis

Privat-Kollektionen: Rolf-Udo Bliersbach – Rosel Ebeling – Lutke Ebeling – Sven Eisengräber – Diana Hebeler – Marcel Houyvet – Brunhilde Jagla – Roland Karl – Emil Kaufmann – Kurt K. Keller – Wilhelm Kirchhoff – Marc O. Kulisch – Louis Le Devin – Leonard G. Lomell – Ilse Lücking – Thomas Moder – Benno Müller – Jean-Pierre Perrigault – Prof. Dr. Manfred Rommel – Prof. Dr. Hubert Treiber – Albin Wienand.
Archive: Archiv Helmut Konrad von Keusgen – Bundesarchiv Koblenz – Bundesamt für Wehrtechnik, Koblenz – Historisches Archiv Fa. Rheinstahl – Ranger-Museum, Grandcamp-Maisy – National Archives and Records Administration, Coll. Park, Maryland, USA.

Danksagungen

Für ihre freundliche Unterstützung an diesem Buch bedanke ich mich bei folgenden Personen und Institutionen: Herrn Oberstleutnant a. D. Hans-Dieter Bechtold – Monsieur George Bernage – Herrn Rolf-Udo Bliersbach – Monsieur Marius Bazire – Monsieur Yves Cordelle – Madame Gerette Coulmain – Frau Rosel Ebeling – Herrn Lutke Ebeling – Herrn Sven Eisengräber – Frau Diana Hebeler – Monsieur Marcel Houyvet – Frau Brunhilde Jagla – Herrn Roland Karl – Herrn Emil Kaufmann – Herrn Kurt K. Keller – Herrn Wilhelm Kirchhoff – Herrn Marc O. Kulisch – Herrn Stephan Kühmayer – Monsieur Louis Le Devin – Monsieur Jean-Louis Legonie – Mister Leonard G. Lomell – Frau Ilse Lücking – Herrn Hans Lücking – Monsieur Claude Massin – Herrn Thomas Moder – Herrn Benno Müller – Monsieur Bernard Paich – Monsieur Jean-Pierre Perrigault – Mister Harry W. Roberts – Herrn Prof. Dr. Manfred Rommel – Frau Karin C. Röhrs – Mister Sidney Salomon – Herrn Perter Schwitter – Herrn Lothar Simon – Herrn Prof. Dr. Hubert Treiber – Monsieur Laurent Vicquelin – Herrn Albin Wienand – Deutsche Dienststelle Berlin – Éditions Heimdal sowie meiner Ehefrau Elodie.

Helmut Konrad von Keusgen

Impressum

Eine Veröffentlichung von EK-2 Publishing GmbH

Friedensstraße 12
47228 Duisburg
Registergericht: Duisburg
Handelsregisternummer: HRB 30321
Geschäftsführerin: Monika Münstermann

E-Mail: info@ek2-publishing.com
Website: www.ek2-publishing.com

Alle Rechte vorbehalten

Autor: Helmut Konrad von Keusgen
Karten Helmut Konrad von Keusgen
Originalausgabe H.E.K.Creativ Verlag, 2004
Zweite und überarbeitete Auflage
H.E.K.Creativ Verlag, 2011
Neuauflage EK-2 Publishing GmbH, 2023

Druck und Distribution im Auftrag von:
tredition GmbH, Heinz-Beusen-Stieg 5,
22926 Ahrensburg

Verpassen Sie keine Neuerscheinung mehr!

Tragen Sie sich in den Newsletter von EK-2 Militär ein, um über aktuelle Angebote und Neuerscheinungen informiert zu werden. Somit verpassen Sie auch kein Buch von Helmut Konrad Freiherr von Keusgen! Wir werden nämlich Stück für Stück seine komplette D-Day-Serie sowie weitere ausgewählte Titel des Autors neu veröffentlichen.
Als besonderes Dankeschön erhalten Sie kostenlos das E-Book »Die Weltenkrieg Saga« von Tom Zola. Enthalten sind alle drei Teile der Trilogie.

Link zum Newsletter:
https://ek2-publishing.aweb.page

Über unsere Homepage:
www.ek2-publishing.com
...tter rechts oben
...e: EK-2 Verlag